直击人心的沟通之道

刘建华◎编著

天津出版传媒集团

天津人民出版社

图书在版编目（CIP）数据

直击人心的沟通之道 / 刘建华编著 . -- 天津 : 天
津人民出版社 , 2020.1
ISBN 978-7-201-15758-0

Ⅰ . ①直… Ⅱ . ①刘… Ⅲ . ①人际关系学—通俗读物
Ⅳ . ① C912.11-49

中国版本图书馆 CIP 数据核字 (2019) 第 293476 号

直击人心的沟通之道
ZHIJI RENXIN DE GOUTONG ZHIDAO

出　　版　天津人民出版社
出 版 人　刘　庆
地　　址　天津市和平区西康路 35 号康岳大厦
邮政编码　300051
邮购电话　022-23332469
网　　址　http://www.tjrmcbs.com
电子信箱　reader@tjrmcbs.com

责任编辑　刘子伯
装帧设计　那维俊

制版印刷　三河市恒升印装有限公司
经　　销　全国新华书店

开　　本　710×1000　　　1/16
印　　张　16
字　　数　200 千字
版次印次　2020 年 1 月第 1 版　2020 年 1 月第 1 次印刷
定　　价　39.80 元

目 录
Contents

第一章 零误解，让你的沟通能力与众不同

第二章 倾听是一种艺术，重要的是听出话外音

第五章　拥有高超说话技巧，让你和任何人都能谈得来

第六章　掌握在生活中跟任何人都能聊的沟通技巧

第七章　会沟通的人，不会想说什么就说什么

第八章 善于沟通的人，会谨慎使用语言

第一章

零误解，让你的沟通能力与众不同

善于沟通是一个人
立足社会的一项重要资本

　　说话每个人都会，从学会说话那一刻起，人们就开始用说话这种方式来表达自己的喜怒哀乐、自己的需要、自己的思想，也用这种方式和别人交换认识和想法，拓展着自己的人生空间。说话是和别人进行交流的最基本，也是最主要的方式。任何一个人都无法脱离社会群体而独立存在。因此，人际交往是个体融入社会群体的重要保障。人生的成长与发展、成功与幸福，无不与他人的交往密切相连。但是，说话是有分别的，会说并不意味着就能说好，说好也并不意味着就能达到交流和沟通的目的。

　　交往具有深刻的社会性，作为一种能力已越来越被人们所重视，这是社会发展的必然。随着全球化趋势的发展，人们之间的沟通日益频繁。而沟通能否顺利实现，在很大程度上取决于双方的交往能力。

　　因此，在每个人的人际交往中，沟通都占着很重要的地位，一定程度上成了展现一个人能力和提升其社会地位的途径，善于沟通是一个人立足社会的一项重要资本。

　　在人们的沟通中，口头的语言交际，也就是说话是最主要的方式，这一点不但是人类有别于其他动物的主要标志之一，而且也是人类数百万年来得以繁衍生息、生存发展的一种重要手段。尤其是科技和信息革命的新浪潮席卷全世界的今天和将来，说话不仅成了人们日常生活的一个重要组成部分，更是决定人们事业成败的一个举足轻重的先决条件。说话的水平和能力已成了衡量一个人整体素质不可缺少的重要标志。

国外有位著名的小说家曾说："日常生活中大部分的摩擦冲突都起因于恼人的声音、语调以及不良的谈吐习惯。"这话是很有道理的。其实只要我们仔细观察生活在自己身边的人就会发现，谈吐的缺陷往往可能导致个人事业的不幸或损害所服务的机构的荣誉与利益，也可能导致家庭不和，乃至国际关系的紧张恶化。一个人的谈吐如何，往往决定对方是否愿意聘用他、与之交往，或是否愿意投他一张信任票、与之发生商业关系等等。

中国古代就有专门以善辩的口才立业的人，比如张仪；也有像诸葛亮那样，一番纵论天下局势打动刘皇叔，从而得到施展自己政治抱负的机会；更有后来流芳千古的舌战群儒，让天下人见识了卧龙先生旷世才华的例子，等等。一个人的说话能力可以显示他的力量，一个口才好的人说话说得使人信服，可以使他的地位提高很多，就像人们更喜欢和说话算数的人交往一样。

说清楚自己想要表达的意思是进行人际交往活动和行为的前提，否则很容易导致误会，致使交际活动无法进行下去。一个人如果谈吐出现障碍或者表达能力不足，则会被人低估他的能力，会被人散播残酷无情的谣言，还会被人扭曲形象。一个人即便思想如星星般光耀生辉，即使勤奋得如一头老黄牛，即使知识渊博得像一部百科全书，他如果缺乏良好的沟通能力，成功的机遇也会比别人要少得多，往往难以达到自己的理想目标。

更有甚者，他们在人前不敢开口讲话。这样的人很难想象他能和别人成功交流，不会和别人交流也就无法顺畅地建立自己的人际关系网。不敢说话是人际交往中的最大心理障碍，对个人的生活和事业的成功都是没有任何帮助的，所以一定要有勇气和胆量坚决克服。

其实，只要仔细分析一下造成这种障碍的原因，就能找出造成自己说话胆怯心理的原因，然后对症下药，这个问题是很容易解决的。

方法之一，比如用心回忆一下，把以前自己被人笑过的事实回想起来。不敢说话的人往往是在自己以前的人生经历中有过说话被人嘲笑的不愉快经历，给他留下了很大的负面影响，以致产生心理阴影，从而就会极力避免类似事情的再度发生。其实，如果他把以前笑过他的人，或使他人笑话的某些话在回忆中找出来，让自己认识清楚怕羞的来源，挖出怕羞的根源，这样就不觉得有什么可怕的了。

方法之二，解剖事实，分析情理，寻求解决途径。说话怕羞的人还可以这样想想：如果某一个人取笑了你的话，不等于每一个人都取笑过你；如果你的话可笑，那也并不是你所说的每一句话都令人取笑；如果你的话可笑，那别人笑的只是那句话，而不是你本人；而且，谁都笑过别人，谁也都被别人笑过，这是很平常的事情。还有，如果那个笑你的人是一个以取笑他人为乐的人，那么大部分错则不在你身上，而在喜欢取笑他人的那个人身上。

方法之三，把自己在现实生活中的遭遇，特别是关于说话之类的事反复地想一想，认真地清醒一下自己的头脑，正确冷静地对待一些是非问题。比如自己可以反省一下：自己为什么怕人笑呢？自己说的话真的容易被人取笑吗？怎样才能避免被人笑话呢？是不是自己说话本来就缺乏自信而致使别人笑话呢？究竟怎样才能克服自己的缺陷，提高自己的语言交际能力呢？如果说话者能够真正地把这些问题分析清楚了，找出产生问题的症状，一切也就容易解决了。

在今天的社会中，交往既是一种能力，也是一门艺术，主要体现在与社会进行交流、展示自己的才能和魅力、使自己更易被他人接受和欢迎等方面。通过对那些取得卓越成就人士的成功经验的研究发现，在个人取得成功的诸多因素中，社会交往能力的作用绝不亚于他们所掌握的专门知识和技能。卓越的社会交往能力能够使自己更容易被理解、被接纳、被帮助，成功之路更通畅，生活更幸福。

人际关系的质量影响着我们事业生活中的方方面面。人际关系越和谐，工作成果和个人成就也会越突出，我们事业生活中的乐趣也就越多。

善于沟通和交际不仅是人生的一种重要能力，更是发展自己、走向成功的一笔宝贵财富。

沟通无处不在，
良好的沟通是合作的基础

我们正处于一个合作的时代，合作已成为人们生存的手段。因为科学知识向纵深方向发展，社会分工越来越细化，人们不可能再成为百科全书式的人物。每个人都要借助他人的智慧完成自己人生的超越，于是这个世界充满了竞争与挑战，也充满了合作与分享。

就像汽车厂家不可能拥有从创意到设计、从生产到安全性检测整个汽车生产的所有必备设备一样，每个人也不可能完全凭自己一个人的力量完成一项工作，总需要别人的协助才能完成。汽车厂家可以把汽车的零配件交给专门的生产厂家来生产，最后完成组装。

每个人的工作也需要其他人提供不同领域的帮助才能够最终得到满意的成果。这就是团队合作的意义。我们每个人都身处在一个个不同的、或大或小的团队中。

中国女排曾经创造了"五连冠"的辉煌战绩。这是中国女排集体奋力拼搏的结果。正如"铁榔头"郎平所说："我的每一记重扣的成功，无不包含着同伴们的努力。"

郎平用她的亲身经历告诉人们：一个人的成长、一个人的成功都离不开与他人的合作。

但是，这种团队合作是与沟通密不可分的。在比赛场上，女排队员们运用着排球比赛中特殊的符号、特殊的手势、大声地呐喊来相互沟通，相互鼓励，相互合作。时过境迁，往事却历历在目。

沟通显得无处不在。与排球这项集体体育项目一样，许多工作都是需要通过大家的合作来取得胜利的，而在合作的过程中沟通无疑就至关重要。没有沟通就没有合作，没有合作就没有胜利。

合作具有无限的潜力，因为它集结的是大家的智慧和力量。亚里士多德说："人类天生是社会性的动物。"一个人的力量是很有限的，个人的力量很难突破时空、环境的障碍。

因此，人加入了群体，由群体发挥出团队力量，客观的环境障碍就再也不是什么问题。

一只蚂蚁谈不上有什么力量，但上万只蚂蚁组成的蚁群却可以摧毁千里之堤。

沟通是合作的开始，优秀的团队一定是一个沟通良好、协调一致的团队。没有沟通就没有效率。

在团队建设中，首要的要求是团队成员间的默契，但这种默契不是自然存在的，需要通过沟通来实现。否则，一个团队如果沟通不好，不仅达不到默契，也无法做到协调一致，达不到预期的效益，甚至可能造成负效益。

小华第二天就要参加小学毕业典礼了，他为此准备了一条新裤子，但是新裤子太长了，穿着不合适，于是在吃晚饭的时候，他告诉家人，需要把他的裤子裁掉两寸。饭后大家都去忙自己的事情，这件事情就没有再被提起。

妈妈睡得比较晚，临睡前想起儿子明天要穿的裤子还长两寸，于是就悄悄地一个人把裤子剪好叠好放回原处。

奶奶每天早醒给小孙子做早饭，也想到孙子的裤子长两寸，于是也对小华的裤子做了处理。

结果，第二天早晨，小华只好穿着短了两寸的裤子去参加毕业典礼了。

在社会分工日益细化的今天，个人的学识与力量是有限的，需要依靠他人的学识及力量才能完成任务。有不少人并非很有才华，但他们却拥有一项无形的资产——良好的人际关系，就因为这种无形资产，使他在各方面、各领域都能平步青云。

而这无形的资产正是得益于他们与别人良好的沟通所建立起来的良好的合作关系。

英国的盖斯凯尔夫人在《玛丽·巴顿》一书中指出："要是你有一个朋友，能把困难的问题分析得很清楚，知道应该怎样去对付，又能确定哪一个办法最聪明、最适当，一切的困难到头来都迎刃而解，那真是再愉快不过的事。"

这个朋友可能是你的上司、你的同事，也可能是你的下属，但都是你的人际关系团队中的一员，他们的合作能给你提供很大的帮助。

美国思科公司中国区总裁杜家滨认为："我的日常工作中有一大部分时间用于沟通，用于把各种信息加减乘除，沟通是一切的基础。"现代企业内部越来越强调团队合作精神，因此有效的企业内部沟通是成功的关键。对于企业外部，实现企业与政府、企业与公众、企业与企业等各方面的良好合作，都离不开熟练掌握和应用管理沟通的原理和技能。

在我们的工作中，要想出色地完成一项工作，就一定要通过有效的沟通与必要的交流达到成功的合作。只有当一件事物在大家共同的努力和关注下，它才能得到圆满地完成，脱离了任何一部分都有可能产生意想不到的问题。就像生物链一样，你也许感觉不到它的存在，然而一旦它遭到破坏，就必然导致生态失衡。任何事物或个人都处在一个相互联系的集体中，因此相互沟通，精诚合作是必不可少的。

俗话说，"一个篱笆三个桩，一个好汉三个帮"，为了达到共同的目标和结果，我们除了团结协作以外没有更好的办法，通过沟通达到合作，通过合作达到共赢，这也正是许多企业所倡导的一种无边际合作的企业文化理念。

生活中沟通与合作也是少不了的。有这样一个故事：

一个家庭实行 AA 制，夫妻两个把挣来的钱平分，然后两个人各自为政，单独支配自己手中的钱。突然有了这么多可供自由支配的钱，两人就跑到超级市场买了许多自认为家中需要和平时舍不得买的东西，回到家后一看傻眼了，两人竟然买了许多重复的东西，结果相互埋怨对方不告诉自己。

沟通与合作也是一个家庭处理好关系的前提条件，没有沟通，各自为政，势必导致不必要的开支和浪费，这对于整个家庭来说都是一种损害。

人们常说，当你面对生活的时候，你实际上是在面对一面镜子，你笑，生活就在笑，你哭，生活就在哭。面对别人的时候也是这个道理，要想获得别人的笑容，你首先要绽放自己的笑容。所谓己所不欲，勿施于人，既然你不想让别人对你绷着脸，那你为何要对别人绷着脸呢？

社会是一个紧密联系的大集体，信息化的到来使合作更为密切，而合作的成功则取决于沟通的效果。为了我们事业的成功，为了我们理想的实现，让我们用心去沟通，让我们真诚去合作。

沟通是最流行的词汇，
友好沟通是未来竞争的焦点

美国著名未来学家约翰·奈斯比特曾说过："未来的竞争将是管理的竞争，竞争的焦点集中在每个社会组织内部成员之间及其与外部组织的有效沟通上。"

可见，沟通已成为管理行为最重要的组成部分，甚至是管理艺术的精髓了。现如今，沟通已经成为最流行、使用频率最高的词汇之一。越来越多的管理者认识到，在工作中，上下级、同事间的有效沟通是非常重要的，不管到了什么时候，企业管理都离不开沟通。

管理者的责任在于提高员工的士气，增加员工的满足度，要使员工有机会参与管理，建立和谐的人际关系，从而达到提高管理效率的目的。但是，作为企业的管理人员，他们或多或少地存在一些比较普遍的特点，如：不能做到积极倾听，而是先入为主或有偏见；按自己的思路去思考问题，而忽略别人的建议或意见；认为自身的能力高于下属或其他人员，喜好站在"说教"的位置上发表"言论"，展现自我等等。其实，在对问题的分析与看法上，不存在上下级之分，因为每个人受教育的程度、所学的知识、思维方式和对信息的掌握程度都不相同，所以对问题的理解与分析结果就存在着差异。因此，"沟通"是管理人员必须重视的问题，只有进行有效的"沟通"，才能更加了解下属或他人的所思、所想、所感，并为做出正确的管理决策提供参考。

此外，时常与下属或他人进行"沟通"，不仅是为了做好工作，同时也是关心和尊重下属或他人的一种表达方式。

如果说企业的"硬件资源"（即生产的相关设施）是为企业创造价值的"有

形"基础，那么"沟通"就是如何让这些"有形"基础真正创造价值的最有效"方法"，是创造"无形"价值的最有效"工具"。很多企业经营不善，都是因为沟通不良所导致的，因此"沟通"就越来越被企业所重视。

被称为日本的"经营之神"的松下幸之助有句管理名言："过去是沟通，现在是沟通，未来还是沟通。"松下的意思很明确，那就是：企业管理在什么时候都离不开沟通。这说明了在他的管理思想里沟通占有重要的地位。

松下幸之助非常善于与员工沟通，尤其善于倾听员工好的建议和普通的发牢骚。

松下幸之助经常问他的下属管理人员："说说你对这件事是怎么考虑的。""这件事这么做你觉得怎么样？""要是你干的话，你会怎么办？"一些年轻的管理人员开始还不太愿意甚至是不好意思说，但当他们发现董事长非常尊重自己，认真地倾听自己的讲话，而且常常拿笔记下自己的建议时，他们就开始认真地考虑并发表自己的见解了。

由于听的人既显示了对说话人的尊重，又不是走形式，而是专注地听，回答的人就会很容易畅所欲言。这是一场比认真的竞赛，对管理者迅速掌握经营秘诀是大有裨益的。

松下幸之助一有时间就会到工厂里去转转，一方面便于发现问题，另一方面有利于听取一线工人的意见和建议。当工人向他反映意见时，不管自己有多忙，他总是认真倾听，不住地点头，不时地对赞成的意见表示肯定。他总是说："不管谁的话，总有一两句是正确可取的。"即使是遇到员工啰唆的抱怨和不满，他也会认真地倾听，并不时地安慰、解释，适当地解决。

此外，松下的头脑里，从没有"人微言轻"的观念，他可以认真地倾听哪怕是最底层人的正确意见，但他非常痛恨别人对他阿谀奉承。每每这种情况发生，哪怕对方的地位和他差不多，他也会毫不犹豫地批驳说："你真是这样想的吗？你也是管理者，说这样的话合适吗？"或诸如此类的话。尽管对方当时可能会觉得很尴尬、很气愤，但事后反而更尊重松下先生的为人，并且对松下先生说出真实的想法，不再说些应景的漂亮话。

这无论是对松下本人还是对别人以及对公司的发展都是有好处的。松下公司因董事长的善于沟通交流而获益匪浅。

要做好一个管理者，首先必须"倾听"来自不同人员、不同方面的"好的"与"坏的"声音，只有不断地听取各方面的不同意见，并进行有效分析，才能摸索出更符合现状的管理方法。

沟通的重要性不言而喻，却常常被人们忽视。管理的定义很简单，过去、现在、未来都是沟通。管理离不开沟通，沟通渗透于管理的各个方面。正如人体内的血液循环一样，如果没有沟通，企业就会走向死亡。企业的管理者面对复杂的企业环境和人际关系群体，要实现组织的"目标"和员工群体的"利益"，相互间的"沟通"不可缺少。只有通过"纵向"和"横向"的沟通，使领导与员工之间、部门与部门之间、员工与员工之间进行良好的"沟通"，才是增强团队协作，完成工作任务，达到绩效目标的最有效途径。只有将沟通贯穿于企业管理的始终，才能让企业在成功的道路上走得更快、更稳。

良好的沟通从口才开始

口才，顾名思义，是指口头表达能力的展现，而口才也是人际沟通中相当重要且可直接感受到的关键因素。

逻辑严谨、见解独特的人，通常较容易取得别人的信赖并达成共识，这也就是好的口才所具备的优势。要想在现今处处强调竞争优势的社会上立足，你就不能不具备熟练的"嘴上功夫"。否则，别说是应付工作上的实际需要，就连和家人的日常生活相处，恐怕也会容易出现摩擦。

良好而有威力的沟通，要从单项表达的口才开始，若表达得流利，内容丰富，使用的语言精确，就有机会发展成为一个人际交往中的成功沟通者！

"张小姐，您今天真是容光焕发，这件衣服的式样和颜色真的很适合您！""真的吗？谢谢！你的话，会让我一天心情都愉快……"这样的对话，你一定不陌生。

我们常会希望自己也像上面这则对话里的男主角一样，是一个能令人愉快、会称赞他人的人际交往高手。人际问题虽不似国际外交关系那么复杂，但若要做到和多数人维持正常、和谐的互动关系，善用你的口才及语言魅力来达成良好的沟通则非常重要！

拥有好口才就是拥有一种能力，会对你的事业帮助很大。

口才，通俗地说，就是我们平常的说话。说话是人们每天生活的主要内容，"从早晨睁开眼睛开始，一天中的每件事都必须用语言来推动"。因此，语言在人们生活中是最简单、最平凡，也是最重要的事。正因为语言与人们息息相关，所以说话的技巧就显得尤其重要。有四条原则需要谨记。

第一，说话要有礼貌，应对要符合礼节。有礼貌让人感觉不急躁，应对符合礼节，对方就不会有戒心。

第二，常说敬语、尊称、谦让语是和陌生人交往极为重要的表达技巧，即使对熟悉的人也要保持这些良好的习惯。面对不是很熟的人，要记住：多尊称对方先生或小姐，让对方觉得被尊重。谦让语是"请、谢谢、对不起、麻烦你、不客气、是否可以"六句话。因为对方看到你彬彬有礼，也会回敬以礼，双方可以提高接受度。

第三，肯定、塑造对方价值，也就是让对方觉得他在你心目中是不错的。赞美他、肯定他，是很好的技巧。赞美别人需要勇气与肚量，一般人为了保护自己的面子或者满足自我优越感，不太能够赞美别人，实际上，这是最不可取的。

第四，尊重对方。人都喜欢被尊重，这是人与人沟通中最重要的部分。人的想法有很多种，我们必须尊重别人的观点与做法，包容不同意见，彼此间的相处才会更好。

好口才是一种能力。因为拥有好口才能够让你在人际交往中游刃有余，为自己建立广泛的人际资源，为自己的事业铺好迈向成功的阶梯。每一个人都希望自己具有从容自如的说话才能，梦寐以求自己能展示超凡脱俗的说话魅力。但是，说话的才能和魅力如何，与说话的水平和技巧是休戚相关的。

要具备这种说话的才能，你就必须得会说话，还得善于说话。会说话，就是要求你首先能够清楚准确地把自己的意思表达出来，还要尽可能说得形象生动、悦耳动听，让对方理解你的意思；善于说话，就是要求你能够洞察对方的意图，适时、恰当地和对方进行顺畅的交流，并使交流深入下去。

我们看到很多不敢说话、不善言辞的人所遇到的尴尬情形。他们的话不能准确、完全地表达出自己的意图，让听者觉得十分吃力费神，更谈不上能使对方产生共鸣，或心悦诚服地接受其意见，这样就造成了交际上的种种困难，影响生活和工作，同时也给自己带来诸多苦恼。

我们今天的社会，是一个科技和信息高度发达的社会，社会的复杂性使得人们之间的联系和交流变得越来越频繁和密切，人们之间相互合作的需要也变得越来越突出。一个人单枪匹马闯天下已经变得不切实际，"离群索居"也变得很不现实。因此，沟通在人们的生活中显得越来越重要，说话已经被赋予了更多的功能和意义，已经变成了影响人们生活和工作的不可忽视的因素。说话的信心与语言表达能力，对任何人来说都变得愈来愈举足轻重。

所以，我们每个人都非常有必要下苦功夫提高一下自己的说话能力，增添自己的说话魅力。因为只有这样，才可能避免在社交活动中出现失败，才会避免在工作、生活上陷入重重困难之中，才能促进自己事业的成功，使自己的生活变得丰富多彩。

学会说话，才能展现沟通的魅力

我们经常遇到这样的事情：有的人很有想法，但就是说不出来，甚至急得抓耳挠腮，但听的人最后还是一头雾水；有的人写文章可以称得上是妙笔生花，但说起话来却是颠三倒四，很缺乏条理性，不能把自己的意思很顺畅地表达出来。这两种人就是典型的有话不会说，连自己的意思都不能很好地表达出来，何谈和别人沟通呢？更何况遇到突发情况的时候，可能只能尴尬地大眼瞪小眼了，不能及时地通过良好的沟通把问题解决掉。所以说，学会说话，才能展现沟通的魅力。

有父子两个人冬天在镇上卖便壶（俗称"夜壶"。旧时男人夜间或病中卧床小便的用具）。父亲在南街卖，儿子在北街卖。不多久，儿子的地摊前有了看货的人，其中一个看了一会儿，说道："这便壶大了些。"那儿子马上接过话茬："大了好哇！装得多。"人们听了，觉得很不顺耳，便扭头离去。在南街的父亲也遇到了顾客说便壶大的情况。当听到一个老人自言自语说"这便壶大了些"后，马上笑着轻声地接了一句："大是大了些，可您想想，冬天夜长啊！"好几个顾客听罢，都会意地点了点头，继而掏钱买走了便壶。

父子两人在一个镇上做同一种生意，结果迥异，原因就在会不会说话上。我们不能说儿子的话说得不对，他是实话实说。但不可否认，他的话说得水平欠佳，粗俗的语言难以入耳，让人听了很不舒服。本来，买便壶不俗不丑，但毕竟还有些私密的因素在内。人们可以拿着脸盆、扁担等大大方方地在街上走，但若拎着个便壶走在街上，就多少有些不自在了。此时，儿子的大实话怎么能不让买者感到别扭呢？而那个父亲则算得上是一个高明的推销商。他先赞同顾客的话——大了些，以认同的态度拉近与顾客的距离，然后又以委婉的话语说"冬天夜长啊"，这句看似离题的话说得实在是好，无丝毫强卖之嫌，却又富于启示性。其潜台词是：冬天天冷夜长，夜解次数多且又怕冷，不愿意下床是自然的，便壶正好派上用场。这设身处地的善意提醒，顾客不难明白。卖者说得在理，顾客买下来也就是很自然的了。

这就是所谓的"有话会说"。我们常说某人会工作、会生活、会读书等，这里的"会"已经超越了一般的意义，成了一种技巧性的描述，说明某人在工作和生活上已经拥有了一定的成就。同样的会说话，是指人能把话说在重点上，话虽然不一定多，但能让对方听进去。每个人都想成为会说话的人，会说话是一种本领和技能，是通过后天的学习获得的。

那怎样才能做到"有话会说"呢？最基本的就是要在适当的时间、适当的场合，面对适当的人，说出适当的话。

比如"刘墉跳河遇屈原"的故事就是最好的例子，刘墉说了一句"君叫臣死，臣不得不死"，乾隆无意中说那你就去死吧，和珅更想借机置刘墉于死地。君无戏言，那是圣旨，乾隆也不想让刘墉死，可无法收回自己的话，就看刘墉怎么办了，如果刘墉真的死了，太傻，也不值得，可如果刘墉认为自己无错，不该死，那就是冒了抗旨不遵之罪，还是得死。结果，刘墉去后堂洗了个澡，全身湿淋淋地回来告诉乾隆："我本来想投湖自尽的，可遇到了屈原，他说自己遇昏君才投湖而死，你怎么也来了，我一想我不能死，我保的是明君啊！"乾隆听得是心花怒放，找个台阶就下来了，刘墉不必死了。

那些能言善辩的人不是天生就会的，那些有话会说的人也不是具有某种天赋的，他们都是靠后天的学习和长期的练习才达到这样的水平的。其实，我们也可以试着注意一下平常我们说话的方式和用词以及语气和场合等，找到自己的不足，然后有针对性地加以练习和提高，就会有所改变。

1.学习成功者的乐观词汇

许多成功者都有一个共同的特点，那就是他们很善于从正面、从积极的一面去表达自己的想法，比如同样是面对失败，那些成功者一般都会采用进取的态度来对待。举个经典案例，在第二次世界大战期间，丘吉尔面对伦敦被轰炸时，他坚定地告诉大家："我们的努力暂时遇到一些麻烦，但是热情和理智仍然存在，我想我们最终还是会成功的！"

如果遇到麻烦，你说："我们现在面临一个问题。"你的话在别人脑海里只是一个概念，认为你面临的问题将不大容易解决。如果换一种方式说："我们现在面临着一个机会。"则会给别人留下一个积极奋斗的印象，甚至众人还会被你的精神感染，乐于助你一臂之力。

一个人所掌握的词汇数量固然重要，但更为重要的是他对这些词汇的运用以及这些词汇对他人的影响程度，这在很大程度上决定着沟通的效果。

2.说话要注意条理，不要单纯追求速度

人类的心理是很微妙的，有时听众并不因为你讲的内容很有道理就完全信服你，他们还要顾及讲话人的表达方式。讲话有吸引力的人并不是唠叨或虚张声势的人，他们在讲话中很注意循循善诱、丝丝入扣、有条有理，像春雨润物一样渗透进听者的心房，更容易被听众所接受。

有条不紊的谈话，可给人稳重的感觉。一般来说，优秀的推销员几乎都不是快嘴快舌的人。倒不是因为他们反应迟钝，不善辞令，正好相反，他们机警过人，能说会道。但他们清楚地知道，推销商品并不光是能言善辩就可以胜任的。比如，你一味地吹嘘某种商品是如何的经久耐用、质量如何一流等等，顾客必定会对这种大肆鼓吹报之以疑惑和戒备心理；相反，当你慢条斯理、一板一眼地陈述商品的性能并动手操作，顾客会因你所表现出来的诚实而对你报以信任。

人际交往也是这样。特别是在语言沟通中，如果只追求说话的速度，就很难产生好的效果。说话速度快似乎传播的信息量大，但前提是要知道对方的接受能力和你的表述方式决定着信息被接受的价值。当然，你是否能给对方信赖感是很重要的。对于一个你根本就不信任的人，你是根本不屑听他的话的。因此在与人交谈时，应注意纠正语调生硬、语速太快的习惯。

3.精心遣词，悉心表达

马克·吐温说："……用字极具威力，每当我们用对了字眼，我们的精神和肉体都会有很大的转变，就在电光石火之间。"的确，用对了字眼不仅能打动人心，同时更能带动行动，而行动的结果便展现出另一种人生。

当帕特里克·亨利慷慨激昂地说道："我不知道其他的人要怎么做，但就我而言，不自由，毋宁死。"这句极具感召力的话激发了美国人的决心，使他们誓要推翻长久以来压在他们头上的苛政，结果造成燎原之火，美利坚合众国由此诞生。

我们在跟别人说话时常常不留意自己习惯用的字眼，殊不知我们所用的字眼会深深影响我们的情绪，也会影响我们的感受。因此，如果我们不能好好掌握怎样用字，如果我们随着以往的习惯继续不加选择地用字，很可能就会扭曲所历经的事实。一个人若是只拥有有限的词汇，那么他就只能体验有限的情绪；反之，若是他拥有丰富的词汇，那就有如手中握着一个可以调出多种颜色的调色盘，可以尽情挥洒自己的人生经验，不仅为别人，更为自己。

这就是我们体会到的，同样的一件事情，不同的人讲述出来，带给听者的感受是不一样的，有的人讲得绘声绘色、悬念迭出，但有的人却讲得平平淡淡，让听者失去了兴趣。究其原因，就是因为对字词的运用不到位。

4.言简意赅，简练有力

无论在什么场合，讲话要言辞精要、字字珠玑、简练有力，使人不减兴味。冗词赘语、唠叨啰唆、不得要领，必定令人生厌。

语言还要力求通俗易懂，如果不顾听者的接受能力，用文绉绉、艰涩难懂的词汇，往往既不亲切，又使对方难以接受，结果事与愿违。

社会语言需要用讲话者和听者双方都习惯、共同感兴趣的"大白话"来表达，这样才容易沟通感情、交流思想。若追求华丽新奇，过分雕琢，听者就会认为这是在炫耀文采，话说得再漂亮也不会有什么力量。所以，使用语言要像鲁迅所说的"有真意，去粉饰，少做作，勿卖弄"。

5.驾驭语气，引人入胜

所有使用有声语言的场合都离不开语气。在一句话中，不但有遣词造句的问题，而且有用怎样的语气表达才准确、鲜明、生动的问题。语气是有声语言最重要的表达技巧。掌握了丰富、贴切的语气，才能使我们的思想感情处于运动状态，且对听话人产生正效应，从而赢得交际的成功。

6.运用语调，扣人心弦

在语言沟通中，语调往往比语义能传递更多的信息，能对听众的心理产生极其微妙的特殊作用，因此更为重要。

有一次，意大利著名悲剧影星罗西应邀参加了一个欢迎外宾的宴会。席间，许多客人要求他表演一段悲剧，于是他用意大利语念了一段"台词"。尽管客人听不懂他的"台词"内容，然而，他那动情的声调和表情，凄凉悲悯，不由得使人流下同情的泪水。可一位意大利人却忍俊不禁，跑到厅外大笑不止。原来这位悲剧明星念的根本不是什么台词，而是宴席桌上的菜单。

这个有趣的事例说明了语调的感染力。正如一位语言大师所说："语调是语言动作的最高级的、最有说服力的一种形式。"

不同的语调将导致对方不同的感觉效果。一句话起什么作用，产生什么效果，给听者什么感受，取决于说话者的语气和语调。语调关系到口才的成功和失败，想要交际成功，必须练习那种真实、准确、富有生命力的语调。

7.委婉暗示，曲径通幽

葛拉西安说过："说得恰当要比说得漂亮更好。"在交际中，经常使用委婉的方式，可以增强交际的效果。委婉是指在讲话时不直陈本意，而用委婉之词加以烘托或暗示，让人思而得之，而且越揣摩含义越深，因而也就越有吸引力和感染力。

两度总统竞选均败于艾森豪威尔手下的史蒂文森，从未失去幽默。在他第一次获得提名竞选总统时，他承认自己受宠若惊，并打趣说："我想得意扬扬不会伤害任何人，也就是说，只要不吸入这空气的话（意思是得意扬扬很容易伤害到别人）。"

在交际中，为给人以风趣之感，有人常常运用故意游移其词的手法，曲折地表示了事情的本意，但又没有违反使用语言的规律，收到了预期的效果。在社交交谈中，适当讲究曲径通幽的谈话艺术，会使你魅力倍增。

8. 幽默风趣，魅力无穷

幽默是人际交往中的磁石，可以将你周围的人吸引到你身边来。每个人都喜欢与机智、幽默的人做朋友，而不情愿与忧郁沉闷、呆板木讷的人交往。

在人际交往中，冷漠的脸孔总是想让人远离的，而微笑热情的面容总会让人有亲近的愿望。

日本说话艺术与人际沟通、自我成长的专家福田健先生，曾提出一个生活实验报告："笑容可以带来笑容。"意思是说，当我们以笑面对着别人时，别人也会以笑容回报。福田健还说："笑脸迎人，不但是一剂人际关系的万能药，还是一剂最好的特效药。"

在适当的场合，幽默口才可以使你更容易让人亲近，可以消除初次见面的尴尬与不安，可以使紧张的心情舒缓下来，从而使你更受别人的欢迎。

9. 手势表情，相辅相成

正确地掌握手势语言的内容和运用，对我们的语言能力是必要的强化和补充，对我们的交际能力也有积极重要的作用。说话时手势语言的运用要适度，既不能"手舞足蹈"，也不能"动口不动手"。在所有体态语言中，手势语言用得最多，其包含的意思非常丰富。比如：通常当我们在倾听对方说话而深有所感时，往往会很自然地双手交叉于胸前。然而，若在双方刚开始进行谈话时便采取这样的姿势，拒绝或不善的含义便相当浓厚了。

有话，还得会说，沟通的魅力才会在双方的交流中，在恰当的语言转换中流淌出来，滋润对方的心田，感染对方的情绪，融洽彼此的关系。

沟通是信息的共享形式，多共享信息就会有惊喜

许多人可能都有过这样的经历：遇到难题的时候，自己一个人闷头怎么也想不出解决的办法，这时候就会选择去请教有经验的人，让有经验的人帮自己出主意、想办法；另一种情况是，在遇到问题的时候，在苦思不得其解的情况下，在和朋友的闲聊中，突然他的某一句话就会让你茅塞顿开、豁然开朗，这就是我们常说的"一语惊醒梦中人"。

沟通本身就是交流信息，是一种信息的共享形式，尤其是从事不同领域的朋友之间，可以为对方提供完全和他自己专业不同的其他行业的信息，而这些信息很可能在需要的时候给自己带来帮助，这就是一种惊喜。

在企业中，沟通存在于各个方面，同事之间、上下级之间、部门之间，都存在沟通，也都需要沟通，否则就无法建立一个高效的团队。企业中还有一种沟通形式，那就是开会。开会的目的就是需要大家共同协商来解决问题、制定政策等，这种沟通形式容易集合很多人的想法，使人们在相互的讨论中达成共识，这也就是我们常说的"群策群力"。

阿拉斯塔·皮京顿说过："在拟订政策时，最好参考那些实际执行者的意见。一方面，这样拟出来的政策可行性较高；另一方面，这些执行者因为对政策的决定有参与感，执行时必定更加卖力。"有很多大公司采用这种决策方式，将各个层级与部门的人员聚集在一个房间里，共同探讨一个问题，使各种观念碰撞，冒出灵感的火花，形成"好想法"。由于是各层级人员共同探讨的结果，一旦做出决定，很容易达成共识，利于执行。

　　杰克·韦尔奇成为美国通用电气公司首席执行官后，实施了"无界线行为"和"群策群力"的决策模式。"无界线行为"的意思是：打破公司内部的层级界限以及公司的内外界限，使各种好主意迅速变成公司的政策，推广到公司的每一个角落。

　　杰克·韦尔奇坚信，不论何时何地，都有一个拥有好想法的人存在，而当务之急是设法将他找出来，学习并以最快的速度付诸行动。"无界线行为"的目的就是"拆毁"所有阻碍沟通、阻碍发现"好想法"的"高墙"。"群策群力"的基本含义是：举行企业内部各阶层职员参加的讨论会，让每一个与会者开动脑筋想办法，取消各自岗位多余的环节和程序，共同解决出现的问题。

　　"群策群力"的效果如何呢？通用电气公司一位中层经理在谈到这种方式时肯定地说："以前我们极力提高工人和机器的效率，而现在我们却受制于整体资产管理的效益。其结果是，1991年我们节省时间50%，生产库存减少400万美元，库存周转次数从以前的一年2.6次变为现在的一年7次。"

　　"群策群力"决策模式不仅提高了决策的效率与效果，更重要的是它打破了官僚主义的屏障，使传统的管理与被管理、指挥与服从的形式变成了大家为一个共同的目的履行各自的职能。同时，它还颇具趣味性，使工作变得像一种娱乐。

　　比如，在一次讨论会上，有一个小组的任务是解决车间的环境问题。这个车间一到夏天就闷热难熬。为了说服后勤部主任同意在车间安装冷气设备，讨论小组将经理带到酷热的停车场晒太阳，而他们自己却待在会议室里慢悠悠地进行讨论。其结果是，这条建议被优先通过。

　　飞机发动机制造厂的后勤部主任阿门德回忆起当年那次会议时说："在答复小组讨论的问题时，不到半小时，我已大汗淋漓。我的手下在布置会场时有意让我背对上级。他们一共提出108条建议，答复每个建议只有一分钟时间，由于我的位置，我无法和上级交换眼神。"最后，阿门德接受了其中100条建议。这些建议在1991年为该厂后勤部门节约了20万美元。

　　"群策群力"的决策模式自1989年首次实行以来，迅速扩散到通用电气公司的各个部门。它成为通用电器公司领先于市场的一项独门利器。这种方式把公司每一个人的潜力都调动起来了，因此公司的成长速度是惊人的。20年内，它就从一家不景气的公司变成世界上数一数二的工业公司。

在经济全球化时代，对信息处理能力的要求越来越高。而现代劳动分工越来越细，每个部门的每个人都在埋头做自己的事，信息处理能力受到很大局限。这就要求打破人为藩篱，通过沟通将每个人的好想法整合起来，如此才能绘制出企业发展的"全景图"，并随时做出聪明的决策。

误会是生活中经常发生的事情，
不善沟通就会闹误会

　　误会是生活中经常发生的事情，究其根源，都和沟通不善有关。很多误会都源于人们在没有了解事情真相前的主观臆测。

　　早年在美国阿拉斯加，有一对年轻人结婚，婚后生育，他的太太因难产而死，遗下一个年幼的孩子。他忙生活，又忙于看家，因没有人帮忙看孩子就训练了一只狗。那狗聪明听话，能照顾小孩，咬着奶瓶喂奶给孩子喝，抚养孩子。有一天，主人出门去了，叫它照顾孩子。他到了别的乡村，因遇大雪，当日不能回来。第二天赶回家时，狗立即闻声出来迎接主人。他把房门打开一看，到处是血，抬头一望，床上也是血，孩子不见了，狗在身边，满口也是血，主人发现这种情形，以为狗的本性发作，把孩子吃掉了，于是大怒之下，把狗杀死了。之后，忽然听到孩子的声音，又见他从床下爬了出来。孩子虽然身上有血，但并未受伤。他很奇怪，不知究竟是怎么一回事，再看看狗，它腿上的肉少了一块，后来他发现，不远的地方有一只狼，口里还咬着狗的肉。狗救了小主人，却被主人误杀了。

　　人们总是太过于依赖自己的判断，就想当然地给很多事情下结论，而一旦得出结论，就笃信无疑，还会千方百计地证明自己判断的正确性。这常常会给人们造成很多的遗憾，有些误会也许一生也解不开，有时候甚至会造成严重的后果。其实，只要多沟通一下，很多所谓的误会都是根本不存在的。

　　人和人之间交往，语言是人们交流思想感情的重要工具。但语言毕竟不是思想。由于人们的思维方式不同、修养不同，就算有同样的想法，有人对事物表达得很清楚，也有的人表达得让人听不明白。比如，语言含混不清，措辞不当，空话连篇，丢字少词，文句松散，句子结构别扭，用了土语方言等，都有可能导致信息传递不准或错误，从而导致误会的发生。

还有几种因素也会导致沟通不善，从而产生误会。

1. 心理因素

信息在传递的过程中，常常受到人们的认识、需要、情感、态度、兴趣等影响而走样。对于一种信息，人们往往根据自己的愿望去理解，采取"各取所需"的态度，有的还添枝加叶，造成歪曲。这种心理因素还表现在人们在接受信息的过程中，常常喜欢根据其主观判断去推测对方的意图和动机，猜测对方的"言外之意""弦外之音"。这样会歪曲事实，产生误会，不仅有碍沟通，还会影响人际关系。

2. 经验因素

人们难免会把以往所吸收的信息累积为经验。在与人沟通的时候，如与人交谈或写报告，就会不知不觉地用过去的经验过滤所收到的信息。这样的结果会导致接收者所获得的信息很可能与发出者信息的含义和意图大不相同，沟通无效，误会产生。

3. 条件因素

大至一个国家，小至一个企业，往往同一个政策和制度各单位执行起来却五花八门。这和单位的性质、干部的水平不同有关，但很重要的一点是任何一项政策、制度、办法都有一定的边界条件。我们在传达信息时往往只注意传达信息本身，而忽略这些边界条件，边界条件不讲清楚，就会理解不一，行动失调，在工作中产生误会。

4. 渠道因素

信息传递渠道过于复杂繁多，会造成信息流失，信息失真。信息传递的渠道越多，失真的可能性越大。研究表明，在逐级口头传达时，每传递一次信息就会丢失30%左右。要使信息传达尽量准确无误，必须千方百计地减少中间环节。一个传话的游戏，第一个人说的是"今天天气真不错"，等经过很多人传递后，到最后一个人说出来的竟是"我喜欢吃麻辣烫"，这就是信息传递层次过多，导致了信息的严重失真。

5. 人格因素

如果沟通者在接收者心目中的形象不好，对其存有偏见，则后者对其所讲述的内容往往不愿意听或专挑毛病，有时虽无成见，但认为所传达的内容与己无关，从而不予理会，拒绝接受。

鉴于误会可能带来的各种消极后果，没人喜欢误会，但人际交往中，不可避免地要产生一些误会，所以在误会产生之后，及时沟通是十分重要的。

误会之后的沟通要把握重要的四点：一是及时；二是有效；三是注意言辞；四是互动。

及时的好处在于防止误会加深，以免走向不可调和的矛盾。当你意识到有误会产生时，就应马上跟对方沟通，而不要理所应当地认为对方可能也会明白这是一个误会。要知道你想的跟别人想的肯定是不一样的。但及时并不等于马上，要给误会产生后留有一定的时间和空间以及对方自主思考的时间。

要准确判断沟通是否达到了消除误会的作用。有的人可能心里还没有想通，但出于一些其他原因，可能表面上不露痕迹地说，"明白了，就是一个误会"，但心里并不打算对这个误会释然，所谓"口服心不甘"。这种情况要尽量避免，不然，无效的沟通解决不了误会带来的隔阂。

沟通中要注意措辞的委婉度，不要一个误会没消除，又产生新的误会。还要注意用词的准确度，因为处于误会中的朋友可能会对你的用语十分敏感。不要把消除误会的目的变成误会加深的实际结果。

沟通是双方的事情，如果一方积极主动，而另一方消极应对，那么沟通也是不会成功的，误会也就自然难以消除。

春秋战国时期，耕柱是一代宗师墨子的得意门生，不过，他老是挨墨子的责骂。有一次，墨子又责备了耕柱，耕柱觉得自己真是非常委屈，因为在许多门生之中，大家都公认耕柱是最优秀的人，但又偏偏常遭到墨子指责，让他没面子，过不去。一天，耕柱愤愤不平地问墨子：

"老师，难道在这么多学生当中，我竟是如此的差劲，以至于要时常遭您老人家责骂吗？"

墨子听后，毫不动肝火："假设我现在要上太行山，依你看，我应该要用良马来拉车，还是用老牛来拖车？"

耕柱回答说："再笨的人也知道要用良马来拉车。"

墨子又问："那么，为什么不用老牛呢？"

耕柱回答说："理由非常简单，因为良马足以担负重任，值得驱遣。"

墨子说："你答得一点儿也没有错，我之所以时常责骂你，也只因为你能够担负重任，值得我一再地教导与匡正你。"

试想故事中的墨子和耕柱，他们忽视沟通的双向性，结果会怎样呢？在耕柱主动找墨子沟通的时候，墨子要么推诿很忙没有时间沟通，要么不积极地配合耕柱的沟通，结果耕柱就会恨上加恨，双方不欢而散。如果故事中的墨子在耕柱没有来找自己沟通的情况下主动与耕柱沟通，然而耕柱却不积极配合，也不说出自己心中真实的想法，结果会怎样呢？双方并没有消除误会，甚至可能使误会加深，最终分道扬镳。

第二章

倾听是一种艺术，重要的是听出话外音

倾听式的赞美是搞好人际关系的有效手段

赞美是一门艺术，倾听式的赞美就更是一门艺术。在现代社交中，倾听是搞好人际关系的一个有效手段。越是善于倾听他人意见的人，他的人际关系也就越理想。因为你的倾听，对方可以理解为对自己的尊重和褒奖，这种尊重和褒奖其实就是一种赞美。它是在告诉对方：你说的话对我很重要，我在认真地听呢！这就在无形中使对方获得了一种荣誉感，满足了对表现自我的欲望，增进了相互间的感情。

（1）此时无声胜有声

有经验的推销员大都懂得"善于倾听"的秘诀。一般商场里有经验的职员在处理投诉时，都会默默不语地倾听顾客的满腹牢骚。在这种时候，顾客会把你的沉默理解为：你尊重我，你认为我的投诉是正确的，这样等顾客把不满倾诉之后，他的火气也就消了，那么问题也就迎刃而解了。

学会倾听，是建立良好的人际关系的重要方法，不会倾听的人是不懂得赞美别人的。倾听别人的谈话是日常交往中最为常见的赞美方法，但倾听并不是静听，而是积极地把自己投入到角色中，在听的同时去激发说话者的热情。比如点点头，眨眨眼睛的动作，对于说者来说，都是莫大的鼓励。如果听者不会及时地给予说者以恰当的回馈，那么纵使你听的时间再长，也不会被当作知音。说话的人宁愿去对牛弹琴，也不愿面对着这样一个"高深莫测"的人。

要想成为一名合格的听者，必须达到心神合一的境界，光用耳朵是远远不够的。当你全身心的投入，满足了说者自我表现的欲望，那你就达到了无声赞美的目的。每个人都是一个独特的世界，都是一道美丽的风景，只是被深深地掩藏在心灵的帷幕之后。当一个人把他成功的喜悦，失败的痛苦，人生的惆怅表白给你的时候，你用你的倾听将阳光播撒于他的世界，给予他的是对他的失败的惋惜、成功的赞美和生命能量的激发。

（2）别当录音机

如果你去问一个听力正常的人："你会听吗？"一定会遭到对方的耻笑，这种问题他一定不屑于回答你。诚然，长了两只耳朵，又不聋，有谁不会听呢？可谁又会想到，坐在那儿听的人有可能只是一部录音机呢！录音机是一堆塑料和金属构成的，没有生气、没有情感的物体，如果听者成了一部只知道开关运行的录音机，那么是无法激起说话者的激情的。说话者的第一感觉便是：你在敷衍我！这样的录音机式的听者又怎样达到赞美别人的目的呢？

所以，听应该是倾听，是对说者表现出了极大的注意的听。有人做过这样一个实验，来证明听者的态度对说者有着极大的影响。

①让学生表现出一副心不在焉的样子，结果上课的教授照本宣科，不看学生，无强调，无手势；②让学生积极投入，并且开始使用一些身体语言，比如适当的身体动作和眼睛的接触。结果教授的声调开始出现变化，并加入了必要的手势，课堂气氛生动起来。

由此看出，当学生表现出一副心不在焉的样子时，教授因得不到必要的反馈而变得满不在乎起来。而当学生改变态度，用心地去倾听时，其实是从一个侧面告诉教授：你的课讲得好，我们愿意听。这，就是无声的赞美，并且起到了积极的效果。

从上面的例子也可以看出，倾听时加入必要的身体语言是非常有必要的。

行动胜于语言。身体的每一部分都可以显示出激情、赞美的信息，可增强、减弱或躲避拒绝信息的传递。擅长倾听的人，是不会做一部没有生气的录音机的，他会以一种积极投入的状态，向说话者传递"你的话我很喜欢听"的信息。

录音机是没有眼睛的，俗语说"眼睛是心灵的窗口"。适当的眼神交流可以增强听的效果。这种眼神是专注的，而不是游移不定的；是真诚的，而不是虚伪的。发自灵魂深处的眼神是动人心魄的。

录音机做不了"小动作"，而倾听者则必须做一些"小动作"。身体向对方稍微前倾，表示你对说者的尊敬；正向对方而做，表明"我们是平等"的暗示，这可使职位低者感到亲切，使职位高者感到轻松。自然坐立，手脚不要交叉，否则会让对方认为你傲慢无礼。倾听时和说话人保持一定的距离，恰当的距离给人以安全感，使说话者觉得自然。动作跟进要合适，太多或太少的动作都会让说者分心，让他认为你厌烦了。正确的动作是跟说话者保持同步，这样，说话者一定会把你当作"知心爱人"。

（3）你说得太好了

倾听并不意味着默默不语，除了做一些必要的"小动作"外，还得动一动自己的嘴。恰当的插话不但表示了你对说者观点的赞赏，而且还对他暗含鼓励之意。

当你对他的话表示赞同时，你可以说：

"你说得太好了！"

"非常正确！"

"这确实让人生气！"

……

这些简洁的插入语让说话者想释放的情感找到了载体，表明了你对他的理解和支持。

同时，听者还可以用一些简短的语句将说者想传达的中心话题归纳一下，这能够使说者的思想得以突显和升华，同时也能提高听者的位置。

另外，我们还可以向说话者提一些问题。这种提问既能表明你对说者话题的关注，又能使说者说出欲说无由的得意之言。

学会倾听其实是赞美艺术的第一步。我们要赞美别人，首先得有赞美的依据。那些没有根据的子虚乌有的赞美只能引起对方的反感。而听就是我们获取赞美所需的依据的必要手段。我们可通过听第三人的谈话而获取必要的信息；我们也可直接在听说话者的同时，找到赞美对方的材料。为了知道更多的东西，为了让我们的赞美变成温暖他人的阳光，我们就必须进行有效的倾听。

入神的倾听本身就是一种赞美。它能使我们更好地理解别人，有助于克服彼此间判断上的倾向性，有利于改善交往关系。在入神倾听别人谈话时，你已经把你的心呈现给了对方，让对方感受到了你的真诚。我们去倾听别人说话的时候，也就是我们设身处地地理解他们的幸福、痛苦与欢乐的时候，使我们能够把对方的优点和缺点看得更清楚。

入神的倾听有利于对方更好的表达自己的思想和情感。在对方明白我们的倾听是对他的尊重以后，他同样会认真地听我们说话，这样我们的赞美才能产生良好的效果。

对于领导来说，倾听职员的谈话，在有助于充分了解下情的同时，也能够表达你对下属的体贴和关心。这种没有架子的平民领导到哪儿都会受员工欢迎的。

对于员工来说，倾听领导的谈话，是对领导威严的有效维护，说明了你对他的尊重。这样的员工，说出来的话即使不是赞美之辞，领导也会很喜欢听的。

在员工之间，倾听则能促进情感，加深相互间的理解，引发精神上的共鸣。

世界上只有狂妄的人，或者是愚蠢的人，才会认为自己无所不知、无所不能。一个人的能力总是有限的，认识、了解一个人必须通过各种渠道去收集有关的信息。听是接受的前提，各种各样的信息都得听，这样才能给我们的赞美对象做出合乎实际的，恰当的评价。

"兼听则明，偏听则暗"，是唐朝名臣魏征的名言。本是用来形容封建帝王集思广益，才能听取各种意见的。但是，在我们赞美别人的时候，同样应该采取"兼听"的态度，"偏听"是不可能对一个人做出合理的赞美的。

赵括长平之战折损赵兵40万，这个典故几乎是无人不晓。后人多半都将罪责归咎于赵括的纸上谈兵，但实际真正的债主应该是赵王，确切地说，应该是赵王的"偏听"导致了悲剧的发生。

别有用心的大臣向赵王推荐赵括，称赞他是将门之后，熟读兵书、精通兵法，定能不负迎击秦兵的重任。随即又是赵括自己一番口若悬河的"纸上谈兵"，使得赵王对这个年轻后生也大为赞赏，听不进"知子莫如父"的赵奢的劝说，最终换下老将廉颇，派赵括带了40万赵兵去跟秦人抗击。

40万赵兵被坑杀，惨绝人寰。如果赵王能够"兼听"的话，把对赵括的各种评价综合起来，做出正确的决断，那么战国争霸鹿死谁手还未可得知。赵王听信一面之词，轻下决断，最终造成了长平之败。

"兼听"能让我们辨别出一些虚假的赞美。因为赞美能给人带来好处，有许多人便会翻动三寸不烂之舌，千方百计地制造和利用虚假的赞美以达到自己的目的。如果我们如赵王一样，"偏听"这种赞美，就难以做出正确的判断，造成不必要的损失。虚假的赞美会使听者受到蒙蔽，无法真正看清被赞扬者的优点和缺点。比如，某厂正准备任命一个科长。在一次回家的路上，张三在和厂长的闲聊中对李四大加赞美，说他如何的办事认真，尊重上司，厂里的许多人都希望他能够当上科长。过了几天，王二又对着厂长如此这般地说了一遍。这时，你若是厂长，该怎么办呢？因为平时李四在你眼中也表现得非常出色，是个做科长的料。如果这时轻下结论，那你就错了。原来这个李四在厂内表现得如谦谦君子，却常在家里聚众赌博，张三、王二都是他的赌友。

尽管有很多人舌灿莲花，善于言辞，常用精美的包装掩藏虚假的实质，给听者一种逼真的假象，但只要我们采取"兼听"的态度，便能看清其庐山真面目。

"兼听"除了能让我们揭穿虚假赞美，也能让我们识破小人的谗言，给当事者以应得的赞美。

据说魏王派乐羊带兵攻打中山国，竟然久攻不下。平时跟乐羊有嫌之人趁机大进谗言，说攻无不克、战无不胜的乐大将军必有异心，因为中山国有他的儿子作人质，他很有可能会率军投降中山国。一年之后，乐羊灭了中山，班师回朝。论功行赏时，魏王给了乐羊一只精美的大箱子。乐羊还以为是金银珠宝，待回家打开一看，才发现竟是一箱大臣们诋毁攻击他的奏章。

在这个例子中，魏王如果"偏听"一班朝臣的谗言，降罪于乐羊，就有可能酿成大错。可贵的是他在听了谗言的同时，也听了为乐羊辩护之言，两相参照，做出了明断。那一箱奏章，可以说是他给乐羊的最高奖赏。

翻许多学术著作的编著者前言，总会看到最后印着"敬请指教""不吝赐教"的词语，这就是谦辞。作为学术研究的专家，作者的水平是很高的，这种话多半是自我谦虚，甚至还自我赞扬之意。如果哪个毛头小子不知天高地厚地真去"赐教"人家一番，那换来的肯定是对方的不屑。

所以，如果办公室来了个新同事，刚进门就对你谦虚地说句："请多多关照！"你该怎么办呢？你是否就过去来一番指手画脚的关照？这种情况一般是不会有的。但到了较为"高明"的自谦时，处理不好则往往导致不快。

贵有自知之明，才能使自谦者满意。一般来说，身份地位的差异，导致了处理自谦方式的差异。对于下级的自谦，领导可以泰然处之；对于同事的自谦，嬉笑怒骂应付之；对于领导的自谦，则要小心谨慎之。

但是，总的来说，处理自谦可以自谦者说话含义的正反两个方面进行。要么就顺着自谦者的意思，肯定他的观点，然后再给予一定程度上的赞美；要么就反其道而行之，否定自谦者的观点，提出与之截然相反的观点。对于领导的自谦，顺接的较多；面对同事的自谦，反接的较多。但具体使用什么方式，还得看具体情况而定。

有的时候，对方的自谦之语只是客气话，与具体情况并不一致。这种时候，最好用反接。

有的领导在开会结束的时候总喜欢说："因为水平有限，谈得不够深入的地方，讲得不够透彻的问题，还请大家多提批评意见。"对于这种情况，说话者多半为了表示谦虚的客套，反接应该比较有效，对说话者的观点进行否定。光否定了还不行，还得找出具体的论据来支持你的观点。比如，你可以说某个问题你本来还不了解，但听了讲话后便恍然大悟了。另外你还可以赞美他说话的语气是如何的抑扬顿挫，如何的引人入胜；还可以称赞他能够做到理论联系实际，能够把死的东西说活，使听者受益匪浅。像这样既赞同说者观点，又列举他自己都可能没发现的优点的赞美，对方一定喜欢听。反之，单纯的空洞的反接难以让自谦者获得一种心理平衡，会反感你那干瘪的赞美。

另外就是顺接，也就是承认对方的观点，但承认以后并不能就此打住，还应该给予对方一点儿希望和鼓励。否则，对方虽然谦虚在口上，内心其实是大大的不快。

例如在一次朋友聚会上，你的豪饮使大家折服。同事小张过来跟你说：

"我的酒量比你差多了，女同胞都不屑于和我喝酒。"

你可以有两种回答方式：

A. "当然啦！你看你一杯就晕了。"

B. "当然啦！你看你一杯就晕了。不过酒可不是好东西，喝多了容易误事。你看我现在威风，待会儿你嫂子可要发威了。你小子文质彬彬，平时办公室的风采都被你占了。"

第一种虽然是事实，但一定惹得对方不高兴。它忽视了对方掩藏在话语后的一种心理需求。显然，第二种回答比较得体，它在承认了对方观点以后，话锋一转，把对方的长处给显露了出来，满足了对方不甘人下的微妙心理。

谦虚是中国人的美德，但同时谦虚后面隐藏着令人捉摸不定的东西。要把握住这种东西并不容易。在应付别人的自谦时，一定要谨慎，站在对方的角度去想一想，粗枝大叶只会招致不快。

倾听是无声的沟通方式，
是无声赞美的艺术

倾听是赞美别人，但是如果不了解对方需要什么样的赞美，甚至"哪壶不开提哪壶"，这样的赞美不仅不会使人满意，还有可能招来对方的厌恶。见面时交谈的话题常常是了解对方的一扇窗口，所谓"言为心声"，通过倾听，我们可以了解到对方的性格、气质及相关情况，然后对症下药，保证让对方笑口常开。

人们交谈的话题，要么是其兴趣所在，要么其中有他值得炫耀的地方。透过话题我们可以分析出对方的深层心理。自信外向之人的心理往往很容易捉摸，他会把他的喜恶比较直接、比较明显的从话语中流露出来。而自卑内向的人则会比较隐晦，只是沉重的心理压力迫使他一吐为快，他的欲求则会由不同的方式曲折地反映出来。

（1）看透对方的心

用心、用脑和用耳的倾听是我们看透对方心思的有效手段。一般来说，那些单纯的、外向的、表现欲比较强烈的人，可以直接从所谈话题去了解他。如果是平时比较内向、深受压抑的人，我们可把话题展开，对其进行启发式的提问，从引导的方式探求其内心实质。这两种区分并不是绝对的，互相配合使用才更有效。

作为一个老板，在倾听员工谈话的时候，了解和掌握员工的性格和心思，进而采取某种方式对其进行赞扬，鼓励其工作热情，以达到提高效率的目的，是非常重要的。细心的老板，通过倾听可以发现下面两类下属。

外向型员工：其兴趣和注意力倾向于客观世界，好活动，喜外出，热情，乐观，喜交际，爱团体活动，对社会好表现自我，喜欢发表自己的意见，能诚心接受批评和鼓励，慷慨大方，能够信任别人；但因热情和好表现自我而导致感情冲动，考虑问题不周到，举止浮躁，虚荣心重，同时往往不耐烦于琐碎之事。

内向型员工：一般不容易了解其意向，因为他常常沉默寡言，这源于他的敏感和害羞，他大多时候说话声音轻细，以主观决定对事物进行判断，不愿发表意见，不易与他人合作，不愿参加团体活动，对社交不感兴趣，深居简出，踽踽独行，思想浪漫，自我观点强烈。但是这种人对于研究、计划、书记、检验、统计等烦琐枯燥的工作感兴趣。

明白了两种人的区别以后，主管人员对员工的表扬可以有针对性地进行，以获取最好效果。比如对外向型的人，给其以挑战和竞争，激起其工作热情；对内向型的人，领导应该放下架子，以低姿态进入，温和地激发其工作热情。

（2）眼观六路，耳听八方

上面说大多数人都包含在内向型和外向型之内。但现实生活中，单纯的内向或外向性格的人是很少见的，一般两种性格兼而有之，主要看哪一个占的比重大，就显现出该种性格的特征。另外，影响人性格表露的因素除了以上两种外，外部环境也是一个很重要的方面。

外部环境条件能够作用于人的心理，从而显现出害怕、嫌恶、惊奇、愤怒、沮丧、得意、爱等不同的情绪，进而影响人的性格。

如果我们在倾听别人说话时，能够做到"眼观六路，耳听八方"，充分的调动自己的眼睛、耳朵、嘴巴和大脑的作用，那么我们就能轻易地把握对方的性格与脾性，做到"知彼"，从而达到"战无不胜"的目的。下面我们就来分析一下人的情绪与心理的关系。

先来说爱。爱是人类得以生存发展的原始动力，它存在于社会的各个角落。我们要赞美别人，就是将爱播撒于他的心灵。这种爱的播撒，能激起对方的好感，在他心中也激起爱的火苗，以达到我们的目的。

嫌恶则是与爱相反，如果说爱源于人接受的本能，那么嫌恶就是人拒绝的本能。倾听、赞美就是要打消对方的嫌恶之念，使对方的嫌恶化为爱，从而欢迎并接受我们。

当你面对一个得意的人时，他只有想发泄其自尊的本能。赞美他，就是去满足他表现自我、超越别人的欲望。这种人是自命不凡的人，赞美正合他的口味，而你那谦恭倾听的样子最能满足他以自我为中心的欲望，利用好这种情绪，一般是不会错的。

如果你刚听完一个得意扬扬的人的谈话，接下来的是一个神情沮丧的人，那你得马上转换心态。你若不注意、轻易去赞美这种人可能会引发他的自卑。不如谦让一些，让对方在你身上寻找一点儿自尊和自信。

愤怒一般来自外部因素的刺激，你的倾听有助于你找到引发愤怒的因素。合理的对因素进行分析，对方将会视你为知音。

当你面对的是一个胆小的人，那你对他的评价可能就只有一个字——怕。由于怕，他会产生逃避的心理、逃避社会、逃避责任。对于这种人，赞美是必不可少的，因为他的怕源于他的懦弱和自卑。你的赞美可以消除他的自卑，给予他战胜困难的勇气。

最后一种人常表现出来的情绪是惊异，它能引发人好奇的本能。惊异往往是人对危险的警惕。而如果一个人对你表示惊异的时候，就会对你特别关注。

所以，倾听能让我们就对方所谈的话题提出深刻的见解，从而激起对方惊异的情绪。

学会剖析人的各种情绪和性格，你就能洞悉对方心灵深处的秘密，用一定的方式去刺激对方情绪的释放，使对方产生满足感。做到这一点，你定能在人际交往中挥洒自如。

美国前总统富兰克林初涉政坛的时候，曾碰到这样一件事。在他竞选费城代表大会书记时，遭到一个会员的反对。但富兰克林最终赢得了选举。上任伊始，他便考虑应该用什么方法去对付那个反对者。如果以施惠的方法，人心难以满足，自己以后都有可能得受累于此。并且如果对方是小人的话，会认为这是天经地义的事，接受了对自己没有太坏的影响；但如果对方是君子，则有可能从此看轻自己。思量再三，他决定找那个反对者来谈一次话。在谈话中富兰克林了解到对方是一个正直的人，并且也把对方的性格脾气摸了差不多。于是，他采取的方法不是施惠讨好对方，而是利用一个"偶然"的机会，向对方借了一本书，在归还时附送了一封感谢信。结果是当双方再次见面的时候，对方表现出了示好之意。

所以，在交际中猜透对方的心理，并以合理的赞美去迎合这种心理，一定会受对方欢迎。

（3）一拍即合

通过倾听，了解对方的性格，猜透对方的脾气，明白了对方需要什么样的赞美，就能一拍即合。

当你面对的是一个口若悬河，说起话来同连珠炮滔滔不绝的人，那么你可以初步判断他属于外向型。外向型的人一般不会控制自己的愤怒或掩饰自己的得意，他们以那特有的大嗓门向听者传达自己的思想。

与外向型的人交流，是一件很轻松、很容易的事。因为他本身就非常的擅长社交。他那富有感染力的大嗓门再加上有些夸张的手势，使现场气氛往往很热烈。不过作为倾听者的你，千万得记住，此时他是绝对的主角，你是配角，你千万莫有争夺他光彩的意思，否则他一跟你较真，就有你好受的。所以，当碰到有冲突的观点时，你最好保持沉默。

外向型的人比较单纯，说话办事不拘小节，因而很容易相处，也很容易看透他的内心。他会如机关枪一样毫不掩饰地将自己的观点和盘托出，敢说敢做，一般不会隐瞒什么事情。

但是，外向型的人支配欲都很强烈，一般不喜欢听到你说"不"，当他的观点被你表示理解或接受时，他就会喜形于色，要是你再赞美他几句，他往往会忘了自己姓什么，这种人不喜欢你冗长枯燥的说教，轻松简洁的赞美他最乐于接受。

用一句话来概括外向型的人，就是爽快干脆，所以你对他也要爽快干脆。拖拖拉拉、犹豫不决最让他难以忍受。碰到外向型的人，最好是竖起耳朵闭上嘴，即使你不问他，他也会告诉你他的喜好。这时你只要顺着他的意思，引出他得意光彩之事，往往能产生意想不到的效果。

一向精明的王先生非常生气，因为他最喜爱的一件新外套被洗衣店的人熨了一个焦痕。

他决定找洗衣店的人赔偿。但麻烦的是那家洗衣店在接活时就声明，洗染时衣物受到损害概不负责。与洗衣店的职员做了几次无结果的交涉后，王先生决定面见洗衣店的老板。

进了办公室，看到高高在上的老板面无表情地坐在那儿，王先生心里就没了好气。

"先生，我刚买的衣服被您手下不负责任的员工熨坏了，我来是请示赔偿的，它值 1500 元。"王先生大声地说道。

那老板看都没看他一眼，冷淡地说："接货单子上已经写着'损坏概不负责'的协定，所以我们没有赔偿的责任。"

出师不利，冷静下来的王先生开始寻找突破口。他突然看到老板背后的墙上挂着一支网球拍，心中便有了主意。

"先生，您喜欢打网球啊？"王先生轻声地问道。

"是的，这是我最喜爱的运动了。你喜欢吗？"老板一听网球的事，立刻来了兴趣。

"我也很喜欢，只是打得不好。"王先生故作高兴且一副虚心求教的样子。

洗衣店的老板一听，更高兴了，如碰到知音一样的与王先生大谈起网球技法与心得来。谈到得意时，老板甚至站起身做了几个动作。而王先生则在旁边大加称赞老板的动作优美。

激情过后。老板又坐了下来。

"哎哟，差点儿忘了！你那衣服的事……"

"没关系，跟您上了一堂网球课。我已经够了！"

"这怎么行！小李，"一个年轻人跑了进来，"你给这位王先生开张支票吧……"

一切就这么简单。

这位王先生可说是位察言观色的高手。一般来说，外向的人都比较喜欢运动。并且办事爽快，吃软不吃硬。王先生正是看出了这一点，巧用心机，使洗衣店老板能够在别人面前一展风采，心灵获得满足的时候，什么话都好说。

（4）一把钥匙开一把锁

俗语说，一把钥匙开一把锁，知道了怎样应付外向型的人，并不意味着你就能去应付内向型的人。

内向型的人最大的特征就是寡言少语，他处理事情都是以低姿态进入。他外表温柔，文静，虽然不善言辞，但说出来的话却条理清楚，逻辑严密，很富有说服力。

内向型的人有点儿像一个隐士，他把自己的一切深深地掩藏起来，要了解看透他真不容易，因为他对外界怀有强烈的警惕心，不轻易相信人，不轻易赞美和抨击别人。他可以说是一个"温柔杀手"，他会谋杀你交流的激情，他不会轻易地表明自己的立场。

对于你来说，他倒可能成了一个倾听者。如果此时你不考虑进行一下角色转换，让他继续担任主角，那你们的交流肯定是沉闷的。由于内向型的人不如外向型的人善于交际应酬，当面对陌生人时，常令他发窘。并且由于他的敏感，该拿主意的时候总是犹豫不决。

但他却喜欢思考，外向型会头皮发麻的数字、理论等枯燥无味的东西他却可能会感兴趣。虽然他不喜欢被人指挥和吩咐，但他却喜欢别人赞美自己，欣赏自己的长处，谈论自己感兴趣的话题。面对这种人，你就应该担当起主角的重任，用他感兴趣的事激起他的热情。当他把你当作知心人的时候，就会表现出他狂热的一面。

某单位新来了一位领导张总。新官上任，烧起了第一把火——召见手下各部属，进行人事调整。如果能给新领导一个满意的第一印象，以后的日子自然好过，因此被召见的人都做了充分的准备。

但是，出于意料的是，那些员工都满腔热情地进去，垂头丧气地出来。只有一个人例外。这人是公关部的谭某。

失意的同事马上围住了得意扬扬的谭某，向他求教被委以重任的玄机。

"这或许都是一根别针的功劳吧！"谭某故作神秘地说。

"当我走进办公室的时候，发现那里几乎变了一个样。原来杂乱不堪甚至落满灰尘的书桌变得干净整齐，各件物品摆放地井井有条。再看到老总那严肃却又显得游移不定的脸，我便对他的性格和脾气有了几分把握，因此决定按方抓药，用相应的办法去应付他。结果不出我所料，我成功了。"

"老总是什么性格？你究竟用了什么方法？"同事们迫不及待地追问道。

"别急，别急，让我慢慢说给你们听。首先，老总的性格是内向型，这可以从办公室的变化和他的神态大致揣测出来，这种类型的人，一般都注意细节，爱干净、整齐。注意到这一点，我决定与他在这方面取得一致。向他问了好以后，我便坐了下来，接着我顺手从地上拣起了一根别针，把它放在桌上。老总看了那别针一眼，脸上露出了笑容。接着，在介绍我们部时，我列举了大量的数据以证明我们部取得的成绩，并对当前的形势做了一些分析。然后，我就高兴地出来了。"

"怎么我就没看到那根别针呢？"听完谭某的话，旁边一个同事自言自语地说道。

"那根别针是我坐下去时扔的，你们当然见不到了。"谭某笑着说。

看完这个例子，你一定很佩服谭某看人及随机应变处理问题的本事。你是不是也很想学会这一招？学会这一招并不是很难，只要你平时待人接物时多长个心眼，多动动脑，你也马上会成为一个高手。

（5）满足虚荣

人生在世，谁没有一点儿虚荣？它源于人的天性，源于人希望出人头地，被欣赏和瞩目的心理。赞美他人，在很大程度上是去满足他的虚荣，使他在赞美声中感受到荣耀与超越。在社会生活中，面子问题很重要，当你给他面子时，他也往往会给你面子，问题就会变得易于解决。

尽管许多人不承认自己有虚荣心，但常常在无意中表露出了自己的虚荣。

古时候有一个人非常善于拍马。他阿谀奉承地过了一生，送了无数的高帽子给人戴。死后到了阴间，阎王亲自审问他。

"你这人活了一世，只懂阿谀奉承，让人不思进取，实在是罪该万死。来啊，把他给我打下十八层地狱！"阎王怒气冲冲地吼道。

"慢着"，那人不慌不忙地说道，"小人是该死，但小人奉承的都是那些有虚荣心的人。像大王您这样英明神武、铁面无私、没有虚荣心的人是不会接受小人的高帽的。"

"还算你有眼！"阎王拈着胡须哈哈大笑着说，"你投胎去吧！"

连阎王都逃不过一"劫"，又有几人能不虚荣呢？找对了人们的虚荣心，赞美起来就容易多了。几千年来，许多人想要铲除虚荣，但是虚荣在人类生活中已经根深蒂固，是消除不了的。所以，与其白费力气，还不如去寻找驾驭它的方法、满足别人的虚荣，因为大多数虚荣是无害的。比如大姑娘喜欢漂亮，小伙子喜欢强壮。有的民族以瘦为美，有的则以胖为美。你去赞美对方引以为荣的东西，他一定会很高兴。

每个人都有自己擅长的方面，这方面又往往是他花费了很多的精力才获得的，如果你对他的这方面表示承认，并且表示得谦虚一些，对他显露出求教的意思，给他充分展现自己特长的机会，他一定会很高兴的。

某领导除了精于本职业务以外，对书法绘画也颇有研究。一次部下小丁去拜访他，恰巧碰到他在作画。

"哎呀，没想吴老的画画得这么好。"精明的小丁一副发现新大陆的样子。

"哪里哪里，胡乱涂鸦罢了。"吴老谦让着。

"我以前也学了两年绘画，但总不得要领。不知道吴老有什么绝招，可不可以教教我？"小丁虚心求教。

"你也喜欢画画？那太好了！"吴老像遇到知己一样，兴奋地对自己的部下说了起来。

"就我自己的体会，学画画就在于三点，眼到、心到、手到。所谓眼到，就是观摩名家作品，同时对你想画的东西观察入微；心到呢，就是学画要有恒心，切不可'三天打鱼，两天晒网'的，并且画画的时候要用心去体会，进入忘我的境界。"吴老停下来，喝了口茶。

"那手到又是什么呢？"小丁一副急不可耐的样子。

"手到当然是多练啦。只有多练才能体会到画画的真义。"

"唉，我过去就是看得少，练得少，并且没有恒心。今天听吴老一席话，对我的帮助真是太大了！"小丁感慨地说。

接下来宾主自然是谈得非常的投机。临走时，吴老还送了小丁一副自己的"真迹"。往自己办公室一挂，当然增光不少。

虚荣是人的天性，它希望被满足的欲望是强烈的，我们在倾听对方谈话的时候可以明白对方的虚荣所在，然后用一些恰当的赞美去满足这种虚荣，对方一定会非常受用。

领导也要学会倾听下属的声音，
让团队充满和谐

作为一个领导，倾听部下的谈话是非常重要的。可以说，不会倾听部下谈话的领导，是完全不称职的。

通过倾听，可以了解到许多下情。闭目塞听，只能使你成为孤家寡人，同时也会使你的工作脱离实际。

工作的积极性来源于物质和精神的满足。如今生活水平普遍提高，物质满足已基本不是问题。员工期待解决的是怎样实现自己的精神满足。领导的赞扬是员工精神满足的重要方面，对员工的激励作用非常强大。问题是作为领导，你知道该称赞哪个员工，这个员工需要什么样的称赞吗？倾听部下的谈话，可以帮助你解答这个问题。

倾听部下的谈话，可以让你看清楚部下的为人。许多人喜欢说在口上，做起事来却拖拖拉拉；许多人虽然说得少，工作却如老黄牛般勤恳；还有许多人喜欢溜须拍马，投机钻营。

语言是心灵的喇叭。善于倾听，便于你了解部下的思想，看清一个人的性格和脾气，做起工作就很容易。

（1）攻心为上

做领导容易，做好领导并不容易，特别是做一个受下级尊敬爱戴并信任的领导就更不容易了。领导和部下之间，因为职位的不同，而导致了地位的不同，但是地位不同并不代表着你们的人格有差别。摆正自己与部下的位置，把部下视为良朋知己，而不是奴仆。放下架子，善于听取部下的意见，善于接受人家正确的批评，作一个平民领导，就能消除部下隐藏心底的防线，获取对方的尊敬和信任。

办公室新来了一个小伙子，此人文静秀气，少言寡语，只知埋头默默的工作，很少与人来往。其他同事见他这样，也对他很冷淡。长此下去，对他对办公室的工作都不利。

怎么办？作为办公室主任的你看在眼里，急在心头。

找机会跟他聊聊吧？好主意！

没几天恰好有人过生日，在你的授意下，几个同事软磨硬缠把他拖了过去，席间你让他坐在自己旁边。酒过三巡，大家都微有醉意，气氛有些热烈起来。谈论的话题慢慢转到这位新人身上，你首先肯定了他工作认真的态度。

他脸上露出感激的神色。接着你话锋一转，点出他过于沉闷了，应该活跃一些，跟同事们多多接触，搞好关系，因为团结就是力量嘛。他听了神色黯淡下来。

过了一会儿，他悄悄地对你说："主任，不是我不想活跃一些，只是我心里苦啊！"

好，有戏。你用眼神鼓励他说下去。

"在转来前的一家公司，和我相恋了三年的女朋友竟然跟我们公司一个有钱的帅哥跑了。我恨透了他们，恨她薄情寡义，恨他那种平时跟你称兄道弟，谁知却对你不仁不义的小人。我现在心都冷了，过一天算一天吧。"

找到病因就好办。你先肯定了他愤世嫉俗是作为一个正直人应有的行为。然后你又开导他人应向前看，从好处想，世上并不都是坏人，再说像那种无情无义的人没了也不可惜。

从那次生日派对以后，那新人慢慢开朗起来，对人也更热情了。

所以，当领导的你如果以为自己职位高一些，只会对部下发号施令，指手画脚，这只能割离你和部下的关系，使部下离心。相反，与部下打成一片，则更显你作为领导的风度。倾听他们的谈话，了解他们的性格，满足他们的需要，赞扬他们的优点，才会使你工作起来得心应手。

（2）恩威并用

领导都有自己的威严，威严是职位形成的。同时，平日的批评、命令也表现了你威严的一面。但是只有威严的领导是不全面的，对于开展工作也不利。因为对这样的领导，员工一般是敬而远之。如果一个领导想赢得员工尊敬的同时，还想令对方信任的话，"恩"是必不可少的。可以说，赞美就是一种"恩"，了解下属的疾苦，关心他们的生活，也是"恩"的表现。

和蔼地、诚恳地倾听部下的谈话，聆听他们的喜怒哀乐，将会使他们心悦诚服地服从你的领导。倾听中你了解到了他们的喜好，明白了他们的特长，你就能做到知人善任，胸有成竹。

用威严暗示他们你的职责所在，而用你的关心告诉他们你对部下的尊重与重视。

美国电话巨头福拉多被称为"十万人的好友"，他和下属有着非常好的关系，下面是一个有关他对员工"施恩"的例子。

福拉多从街中心的地下管道口钻了出来。在这寒冬的深夜，行人稀少，他的行为使人联想到电影中罪犯借地下管道潜逃的场面。旁边刚好有一个警察，便上前去盘问他。走近一看，才发现竟是电话大王福拉多。原来福拉多听说有两个工人在地下管道内紧急施工，便前来表示慰问。并且听取了他们的一些意见，决定提高这种条件下的加班费。

日本管理大师松下先生认为，平时以温和商讨的方式引导部下自觉做事，无论用人还是教人，都要一手执剑，另一手却温和如慈母，做到宽严得体，才能得到部下的尊敬。

倾听上司的话，表示你对他的尊重

俗话说"官大一级压死人"，要想工作顺顺当当的、不被人暗中使"绊"，获得上司的好感是必不可少的。

倾听上级的话，表示你对他的崇敬之情，想向他学习的意思，让他有机会展示自己作为上级的优越感，表现自己的长处。这不失为一种博得上司欢心的好方法。

一般来说，因为身份特殊，上级都有好为人师的习惯，不管自己在不在行，都喜欢对手下指点一番，以表示自己的特别。碰到这种上司，闭上嘴巴，竖起耳朵是比较明智的。

即使上司说得不对，你也千万别表现自己的小聪明，那只能引火烧身。相反，你闭着嘴巴乖乖地听，对他就是一种无声的赞美，告诉他他是个很出色的上司，你对他很佩服。

倾听上级的话，可以认识到他的为人，摸透他的性格脾气，办事的时候你就可以采取相应的方法去迎合他。

（1）一日游了"新马泰"

有的上司，缺乏真才实学，但喜欢用自己貌似丰富的阅历来向下属炫耀，夸夸其谈，大话连篇，这样的领导一般表现欲都特别的强烈，但却是外强中干。不过对付这种人很容易，那就是六字诀："多动耳，少动口。"

王强刚换到一家公司，第一天就在上司的唾沫星子中游了世界各地。

"小王，你出国旅游过吗？"

"还没有。"王强颇有心机，知道话中有话，不失时机地说道："主任一定到过很多地方了？"

"多不敢讲。这些年来因为工作关系去了英国、美国、新加坡、日本……"

于是一天上午，王强就跟着主任神游列国。

这种领导，在他看似自信的神色下隐藏着自卑的本质。他在那儿口若悬河的把自己的经历说出来，向听者炫耀，以掩藏自己的弱点。这种人因为自卑而比较敏感，所以尽管他把自由女神说成是英国的，你也不要吱声，否则因你的提醒或打岔而击碎了他自夸的美梦，他会因觉得丢脸而怨恨你。

相反，此时你唯一可做的就是摆出一副听得津津有味的样子，表示你的崇拜与羡慕，感谢他给你讲了各国的风土人情。

（2）"哪里，哪里"

有些领导，当下属赞美他的时候，总是面带微笑，谦虚地摇着头说："哪里，哪里。"

要是你由此判断这种领导很谦虚，以后便放弃了对他的赞美，那你不可能博得他的欢心。因为这种人很虚伪，嘴上跟人谦虚，其实内心却希望获得别人的赞美。

"哪里，哪里"其实含着很微妙的潜台词。"哪里——这里，我这里要赞美呢！"

一天，经理在办公室跟员工约翰聊了起来。他大谈自己从哈佛毕业以后，在商场上如何挫败敌手，获得今天的成就。语气间不乏自得之色。约翰听得很入神，由衷地说道："真了不起，我就不行。"

"哪里，哪里。只是我运气好。"经理谦虚道。

第二天，经理又跟约翰谈起了自己的辉煌业绩。约翰有些习惯了，没再表示什么。

第三天，经理也沉静下来。

不久，约翰不明不白地被调到市场部去了。

所以，面对这种口是心非的上司，你千万别吝啬随口的两句赞美之辞。不过不能过多，多了还可能拍到马腿上，弄巧成拙。

一般来说，听上级谈话，只要稍加注意，便能发现一些领导喜欢的口头语。从而推断出他的性格和喜好。

例如，有的上司说话前老爱用"本人""我看"之类的词。这种上司一般都期待对方能够附和，对这种上司应该多敬重几分。

倾听同事心声，分担痛苦、快乐，
收获好感和亲近

办公室是一个小社会的缩影，你的同事既是你朝夕相处的朋友，更是你的竞争对手。关系搞好了能互相帮助，相安无事。关系不好，则可以说是危机四伏。

有的同事表现欲非常强，具有极强的侵略性，不甘充当弱者，不愿被人看不起。想跟他处好，那么你得采用低姿态，避免与他正面冲突。他要大呼小叫就让他叫好了，作为听从的你，不妨随意"点拨"一下他的优点和长处，跟他相处也不是很难。

（1）"君子动耳不动口"

没完没了，絮絮叨叨地大说毫无意义的闲话的人，确实让人头痛。要是与这种人同事，那我对你深表同情。这种人跟你没关系，你大可一声不响地一走了之。可人家是你低头不见抬头见的同事，他那天天聊的闲话让你再痛苦，你也得忍着，并且还得找机会赞美几句，以示对他的尊重。

因为健谈，且精力过剩，这类人闲话、废话特多。谈自己的事，谈别人的事，反正只要能够成为话题的，他都谈。由于口才不是很好，他讲的故事大半让你索然寡味，毫无兴趣。但对付这种人有一个突破口，就是他容易满足。当你对他的故事表现出一点点兴趣或好奇，他都会非常感动。所以，如果某次他对你大谈他的网球技艺的时候，你不如顺势说："哎呀，真想不到你的球艺如此高超。我也喜欢打网球，不过打得不好。不如改天向你学几招。"喜欢炫耀自己的他说不定还真会跟你约下日子。到时候你一展所长，让他发现原来你比他厉害。那么下次见面他一定不会跟你絮絮叨叨了。

对付这种人的诀窍就是冷静、沉住气，细心地听，发现他吹牛的地方，找机会利用自己的优势击碎它，让他明白原来你也很聪明，只是不愿表现出来。

（2）朋友心，要听听

办公室中，向你倾诉，要你倾听的，并不全是那种絮絮叨叨的人。有的会是和你关系很好，把你当作朋友的同事。你的倾听，能使他的心中充满阳光和爱意，对你的感情大增。

如果你的这位同事加朋友是一个内向的人，他突然对你倾诉，你得重视起来。因为这种人平时沉默寡言，不喜形于色，烦恼的事、快乐的事都一股脑儿地压在心底。他表面上看起来非常的单纯沉静，内心活动却很复杂。一旦找到宣泄的机会，他的情感释放是非常激烈的。他把你作为倾诉对象，一定是经过认真选择的，说明你在他心目中的地位已非同一般。

这个时候，尽管你可能听不懂他说的事情的真正含义，但是你千万不能打断他。因为此时的他所要宣泄的情感远远比所要表达的内容重要。

"我真想把老板一拳揍死！"他握着拳头在你面前怒吼。

这时，你不必去明白老板怎么惹了他，你只需轻轻地点头表示同意，他一定会对你非常感激的。因为此时这句话本身并不重要，隐藏在话语后面的情感才是最重要的。

你静静倾听，分担了他的痛苦、他的快乐，你会获得他的好感和亲近。因为你满足了他宣泄情感的欲望。帮他重新找回了自信，使他相信自己仍然是重要的。

贬低别人、抬高自己的哗众取宠之词说不得

哗众取宠之心其实就是一种是非之心，是一种贬低别人、抬高自己之心。所以，在话语上表现出来的，也必然掺杂着这种内容。因此，在我们发现讲话一方有这种倾向时，对他的言辞就要特别注意，不能全听全信，更不能偏听偏信，而是要多动脑筋，多进行选择和分析。

哗众取宠有两种形式，一是就事，一是论人，但是不管是就事还是论人，其中心思想还是要突出讲话者自己。所以，只要紧紧抓住这一环节，就不难对他们话语中的真假是非予以判定。

哗众取宠是掩饰不住的，因为说话的人一旦有了这种思想，其目的就是要表演、表现、突出自己。因此，不管他是否心存顾忌，是否注意用词，是否刻意伪装，到头来总要露出马脚。

假如他能做到天衣无缝，使听话人一点儿也察觉不到这些，那他就达不到哗众取宠的目的了，这在有这种要求和期望的人来说，当然是不可能的，也是不甘心的。

哗众取宠的另一个普遍现象是想方设法、拐弯抹角地去贬低别人，特别是不在场者。因为只有贬低了别人，才能抬高自己。

哗众取宠的再一个典型特征是故意夸大某些细节，以偏概全，或者有意加重某些困难，或特意缩小某些成果，以求兜售说话人自己的想法和意见。

哗众取宠的又一个较为普遍的现象是口若悬河、滔滔不绝，自己讲起来不容别人插嘴，不听别人意见，不考虑别人提供的线索，一直按照自己的意图发挥下去；而在别人讲话的时候，则不断插话，经常反驳，生怕别人的话压倒自己、阻

碍了自己，占用了自己理应全部占用的时间。

哗众取宠还有一个比较明显的特点，那就是多用最高级的形容词，不惜堆砌各种副词，说××好就把他抬上天，讲××差就把他压下地，两极分化，妍媸立见，黑白分明，极力排斥中间路线。

表面上好像是非分明，骨子里其实是黑白颠倒，其结果往往是言过其实，不是冤枉了人，就是冤枉了事。

了解了哗众取宠的几种表现，就容易判断哪些话具有这种成分，同时也就好取舍了。

（1）学会倾听长辈讲话

中国自古是"礼仪之邦"，很讲究晚辈如何听长辈讲话。但长辈讲的未必完全正确。

孔子要求小辈听长辈的话要"不违"。例如，子曰："吾与回言终日，不违，如愚。"而且要："事父母几谏，见志不从，又敬不违，劳而不怨。"也就是说，听或见到父母有做得不对的地方，只能够委婉地进行劝谏，提了意见之后，如果父母心里不愿听从，仍然要恭恭敬敬而不触犯他们，只在心里忧愁而不怨恨。一句话，还是个不违。

所以，孔夫子告诉人们听长辈说话的唯一原则就是，长辈怎么说，就怎么做，就是错了，也要照办，并且在时间上也有限制，那就是"三年无改于父之道，可谓孝矣！"岂止当时不能反驳，就是长辈，特别是父母，尽管去世了，也要三年不改变他的意见。

孔夫子是儒学创始人，儒学又是中国漫长封建社会的主要精神支柱，所以，这个"不违"也就成了中国迄今为止最重要、最正统的听长辈讲话的态度。然而，以今天的眼光看来，光是不违，对于听长辈讲话来说显然是不够的。

长辈，相对于晚辈来说，自然是年龄要大些，知识要多些，涉世要深些，阅历要广些，所以，他们讲的话在大多数情况下是正确的，是比晚辈有见地的。所以，我们在听长辈讲话时，要首先有这种认识，也就是要采取恭敬、虚心的态度。恭敬主要从长晚的辈分上着眼，晚辈对长辈理应恭敬，不敬是不礼貌的；虚心则主要从实事求是着眼，因为这是过来人的经验之谈。

除了长辈确有某些不值得恭敬的情况时，持这种态度，应无例外。虚心则是实质性问题，岂止对长辈的话应该虚心，就是在听平辈、晚辈的话时，也应当虚心。但是，恭敬也好，虚心也罢，都需要建立在实事求是的原则上，而不能变成"无违"，变成无原则的、无选择的接受。当长辈的话，包括父母的话有原则性错误时，依然要提出个人意见，甚至据理力争。

在过去，中国人总是把顺从、无违作为"孝"的标准。所谓"三年无改于父之道，可谓孝矣。"要不然，就是不孝。这样一来，通过孝道得来的东西，则必然是糊里糊涂，一点儿用处也没有用的。

那么，用一句什么样的话来概括正确的晚辈听长辈讲话的态度呢？我想最恰当的四个字大约就应当是"不卑不亢"了。事实上不卑不亢也完全适用于下级听取上级讲话的时候。

所谓不卑，就是不失去自信，不显出过度的卑颜屈膝，在礼貌上要体现出自己是下级，是晚辈，但在精神上彼此之间是平等的。不卑绝不等于傲，也不是盲目自信，因为我们没有理由盲目自信，也不必要盲目自信，而是说没有必要在人格上、表情上有低人一等的感觉。不亢不是要事事迎合，唯唯诺诺，而是要放松自然，大方磊落。

不卑不亢首先要放松自然，这也是十分必要的。很多人在接触长辈和上级时，往往不由得有一种紧张的情绪，人一紧张，就会乱了方寸。所以，关键在于首先在思想上解除压力和束缚，得以轻装上阵。这一点过去很多人都会深有体会，特别是在严父或威严的祖父面前，当晚辈的除了俯首帖耳地倾听之外，别无他途。而且，以前还有"君教臣死，臣不敢不死；父教子亡，子不敢不亡"的歪理。

现在时代已发生了翻天覆地的变革，长辈与晚辈之间的关系也产生了新内容。晚辈再也不是长辈的附庸和应声虫，长辈也不再对晚辈具有生杀予夺之权。在精神上他们是平等的，在事实与真理面前更应具有平等的权利。这样，自然也就形成了彼此之间新的"听"的关系。而这种新的听的关系的主要内容，应当包括：

在态度上，晚辈应对长辈恭敬；在听的方面，虚心与认真；在道理上，必须是非分明；在枝节问题上不必斤斤计较，应当表现出应有的克制与容让，在关键问题上则必须坚持原则，敢于"大义灭亲"。

对长辈的话，千万不可迷信，迷信的结果必然是盲从，而盲从也就失去了事实，失去了是非，失去了原则，也失去了你自己。

失去了自己的听，就等于"灌"了，并且被灌得手足无措，不知所以。思想上已有这种压力，当然就难于做到耳聪目明，仔细听对方讲话，并做出相应的判断了。

思想上的压力解除法，首先在于提高自信，相信自己在判定、分析能力上并不比对方低，至少是可以从容应付的。其次是不要过于看重面子，太顾面子，怕丢面子，最后往往适得其反，反而要丢面子。有了自信，又不再顾忌面子，同时还消除了旧的那一套尊上卑下的思想，这时你就能轻装上阵，如鱼得水矣。

另外一个消除长幼顾虑的方法，是少想或根本不想自己以下对上应当如何如何，而是随遇而安，听了再讲。

前面已然谈过，长辈由于特殊的客观条件，一般来讲，总比自己见多识广。至此，在他们谈经验，讲体会时，你务必要认真听，仔细想，切不可疏忽轻视。

中国有句老话，"不听老人言，吃亏在眼前"，当指此道理而言。

我们常见有一些人，往往爱笼统地把前辈的意见看成是陈芝麻烂谷子，认为纯系陈词滥调，不会有任何参考价值，这就未免太偏颇了。

无可讳言，随着时代的进步，特别是在我国改革开放的过程中，很多过去的观念，都会变得不合时宜，失去了指导意义。但是，尽管它们可以称为很多，但与总体相比，依然是小数，绝大多数的方法和观念，依然是行之有效的，不可轻易地一笔抹杀。

人类社会是一个漫长的、渐进的发展过程。它只能循序渐进，我们现在认为奴隶社会、封建社会闭塞落后，愚昧无知，但从历史的发展看，在当时那个年代，它们却是发展的必然。

在当时看，甚至是必须的，乃至先进的。我国奴隶社会和封建社会中的许多伦理观念，到今天也依然是我们不可或缺的行动准则。例如儒家经典《论语》中就有以下这些迄今仍应被我们奉为金科玉律的话，它们是不会因时间的推移而失去意义的。

子曰："学而时习之，不亦说乎？有朋自远方来，不亦乐乎？人不知而不愠，不亦君子乎？"

子曰："吾日三省吾身：为人谋而不忠乎？与朋友交而不信乎？传不习乎？"

子曰："道千乘之国，敬事而信，节用而爱人，使民以时。"

子曰："不患人之不己知，患不知人也。"

子曰："君子周而不比，小人比而不周。"

子曰："不患无位，患所以立。不患莫己知，求为可知也。"

子曰："敏而好学，不耻下问。"

子曰："巧言令色，鲜矣仁。"

即使以今日的目光来审视，这些话也很有参考价值。而且，我们还可断言，即使是若干年后，这些金句也还必然很有参考价值。

现在的一些年轻人，听自己的长辈讲话，特别是谈到有关社会公共道德、个人奉献、勤俭持家、修身、齐家、治国、平天下时，总是一概斥之为陈旧观念，这无疑也是一种误会，是一种不尊重传统，严重割裂历史的看法。

社会是人类聚居的产物，要维持社会的正常运转，就必须制定出一些基本公德。生活在社会中的每一个成员，都需要遵守这种社会公德，各司其职，各尽其力，社会才能发展，人类才有和平幸福的生活。

无疑，道德是一种社会现象，道德的本质和根源不是从人们的意识中去寻找，也不是从社会生活之外去寻找，只能从现实的人类物质生活条件中去探求。不错，道德是一定经济基础决定的上层建筑和社会意识形态，是社会物质生活条件的反映。但是社会经济基础也有其共性。

例如人类为了生存就必须进行生产劳动，要生产就必须结成一定的生产关系。而这种关系和对待他们的基本观点，则有其持续性和共同性。这些方法与准则不可能各代人都去分别的体察和发现，而是要从书本和师长那里去继承和学习。

所以，我们不要简单地误认为长辈之言都是过时的，而一概加以否定。

还有人认为对长辈必要的恭敬，包括听他们讲话时应有的恭敬，也统统是陈腐的、没有必要的，这当然也是误解。对长辈的恭敬是因为他们是我们的长辈，曾经直接或间接培育和教养过我们，所以我们对他们应有恭敬的态度，这是文明礼貌的表现。

随着人类文明的不断发展和进步，这种文明和礼貌只能日渐加强，而不能不断减弱。封建社会余留的一些繁文缛节固当推陈出新，但新的文明和礼貌同时亦应建立，长辈对晚辈应当慈爱，晚辈对长辈应当恭敬，是永远不变的原则。

当然，恭敬并不等于盲从，更不等于屈从。保持独立的判断和思考能力与恭敬并不矛盾。因为，思考和判断属于思维活动的范畴，而恭敬则是外在的表现。在保持冷静、敏锐的思考与辨别能力的同时，维持恭敬和平的态度；据理力争，而言辞委婉，是一位正常人应有的能力，也是尚不具备这种能力的人应当作为奋斗的目标。

长辈对晚辈和上级对下级的谈话内容和态度大体上讲是并不相同的。长辈多从教导、关心、问询着眼，而上级则多从工作、任务来谈。这也就决定了听者的不同态度和方法，因此，听话者也就容易决定自己的对策了。

（2）听听平辈的声音

这里所讲的平辈是指兄弟姐妹以及亲戚中的同辈诸人。听平辈讲话的关键之点，在于要心平气和，与人为善，不赌气，不挑刺儿。在中国是讲究孝与悌的，孝指的是孝敬父母，悌指的就是友爱兄弟。当然，旧社会和孔夫子特别是后来的道学先生所讲的孝悌，是扭曲了的礼，是替封建统治者铸造枷锁，我们不应该再受他们的欺骗。

但是，在新的概念下，孝与悌仍应有他们的地位，不可笼统地一笔抹杀。所谓悌，我想，其中永恒的一条就应当是真诚相待，平等相处，体现在听上的，自然也不例外。

能真诚地听取同辈人的意见，就能够正确认识和判定兄弟和同辈中的感情，消除没有必要和非原则性的矛盾，从而达到友爱相处，平等相处。

消除怀疑是真诚听取意见的前提，也是消除矛盾的法宝。但真诚相见其实不易，关键是要有宽广的胸怀。

古人云："无欲而刚。"心胸也要无欲而宽。求其大同，存其小异，这不但是处世交友、办事用人之道，更是兄辈间和睦相亲之道。在这个前提下，我们就能搞好平辈间的关系。

孔子说："三人行必有我师焉"。在平辈中，自己不要过于自信，傲视一切，而应虚心听取别人意见。思于内，形于外，能有真正的虚心，自然就能在表情上，行动上表现出来，这就会打动别人，使人家愿意和你谈真心话，讲实在话。

由于平辈是平等的，所以谈话时与长辈同晚辈之间的方式不同，显得比较自由、随便，有时会以戏语出之，这就需要听者也能放下架子，随和起来，不要斤斤计较某一词，某一语，某一个态度，某一个姿势。而应当取其主干，略其枝叶；存其主旨，略其小节。

不可横挑鼻子竖挑眼，捡了芝麻丢了西瓜。

在平辈中，如果你年龄较大，则切忌用长辈的姿态去听人讲话。

在平辈中，如果你年龄较小，则切忌撒娇耍赖，要求别人事事忍让，用理应得到特殊照顾的心理去听别人讲话。

在平辈中倾听时，切记要分清正经话，玩笑话，门面话、心里话。有人规劝肯定是为你好，此时要有则改之，无则加勉；有人利诱你，肯定是要拉你下水，此时要严词拒绝，讲清道理；兄姐在指责你，要认真对照自己，先做检查，之后辩护；弟妹阿谀你，要想想自己对于他们是否过于严厉，不要立刻当之无愧的接受。

在听同辈讲话时，还要讲究态度，最佳的是和蔼可亲，千万别形同泥塑。听同辈人讲话时，也要讲究礼貌，先静听，后思索，再发言，同样忌讳夸夸其谈和随便打乱、打断别人的谈话，也不要过于随便，心不在焉。当然，也忌讳面无表情，过于拘谨。

同辈相聚，感情融洽，难免酒酣耳热，放浪形骸，无所不谈，无所不至。我们希望即使在这时，也依然要尽量保持比较清醒的听的能力和意识，千万不可把听变成完全打开、毫无节制的阀门，来者不拒，一概全收。我们并不认为说话人都有恶意，但我们确实要注意避免言多语失，酒后失态，说出一些不应该说的话来。害人之心不可有，防人之心不可无。而且防者不必都把对方当成坏人、敌人，而是要防止一时激动、冲动，脑子一热，出现越轨的情况。

（3）晚辈的话也得听

听晚辈讲话的人自然是长辈，长辈叫晚辈讲话与上级听下级讲话的方法有相同，也有不同之处。相同是，做长辈的人在听晚辈说话时，既不要忘掉自己是长辈，更不能时时刻刻摆着长辈的架子说话。

之所以要不忘记自己是长辈，就是说不要忘记自己的职责、义务，不要失去了长辈的风度，丢掉了长辈的心胸，冷淡了对晚辈的关怀。

长辈听晚辈讲话，就应当抱着这种思想和态度去听、去想、去研究、去分析，然后提出自己的意见。失掉了这些，你就不配做长辈，当然也就无法去正确听取晚辈的话。

要记住：不好为人师并不等于永远不为人师。当你位置处在长辈的时候，你就有责任去教育、引导你的晚辈。有责任从他们的谈话中去发现问题，帮他们去解决问题。

所以，在长辈听晚辈讲话时，随时随地都不要忘记这个责任。

说到不应该老端着长辈的架子，就是说不要盛气凌人，不可一世。这样就会吓得晚辈不敢对你说真话，讲实话，你当然也就听不到真话、实话，更谈不上什么推心置腹的知心话了。

《红楼梦》的荣国府里住着一位贾政贾老爷，他就是这样一位随时端着长辈架子，总是冷若冰霜的道学先生，他的子弟见着他，就像老鼠见了猫儿，嗫嗫嚅嚅，说不上一句整话，唯恐找不到一个地缝钻下去，一离开他就如脱缰的马一般，唯恐离之不远。

所以，他根本不知道自己的儿子贾宝玉、贾环在想什么，也不明白自己的女儿贾探春在想些什么。贾宝玉当着贾政的面儿，唯唯诺诺，什么都答应是。可是转过脸来，我行我素，该干什么还干什么。他鄙薄功名，把仕途看成是庸俗。他怜香惜玉，结交伶官，等到闹出事来，才把贾政老先生气得只有打，结果闹得个家宅不安，还惹翻了贾母这位老太太。

　　长辈与晚辈间天然地存在着年龄的代沟和辈分的隔阂，这就给正常的交流带来了麻烦。所以，要想正确地听，就必须尽力填平这个代沟，消除这个隔阂。

　　另外还有一点需要特别注意，那就是，在一般情况下，长辈与晚辈之间的血缘关系愈亲，长辈与晚辈之间的距离愈不易消除。我们常见做父母的对别人的子女平易可亲，百问不厌，而对自己的子女则疾言厉色，浮躁焦急，听不耐烦，答不耐心，从而形成误解和距离。这种表现其原因何在呢？其实说白了就是望子成龙心切，恨铁不成钢之意过急。别人的孩子有些问题，与自己关系不大，情绪不会那么激动，所以有耐心去听其叙述，提出问题，最后心平气和地去予以解答。自己的孩子有了问题，与自家关系密切，有的长辈甚至因此认为伤了自己的自尊心，乃至扩大到觉得某种期望落空，于是恨铁不成钢中的恨字，逐渐扩大。这时，晚辈在你眼中已成了自己期望实现的障碍，于是他们所说的一切，所解释的一切，你已经不能听，也无法听，即使听也认为是歪曲，是搪塞，是辩解。所以这种听无疑是最糟糕、最误事的。他不但于问题无补，而且会伤害彼此的感情，严重的最后会产生悲剧。

　　远的且不去说，光说近的，报纸上不是已经连篇累牍地介绍和报道了吗？儿女因父母管教过严，不能耐心听取他们的意见，结果他们走出家门，浪迹社会，乃至误入歧途，酿成悲剧。

　　我们确实不能不承认时间与历史和当代社会意识与观念在不同年龄人的思想中会产生不同的认识，会出现不同的是非观与世界观。有时候，这种差异是无法调和的，而且也不可能用一个去压服另一个，或用一个去代替另一个。这时，我们就要更有耐心地去倾听晚辈的意见，让他把话说清，把话说透，把话说完，然后再去分析和判断。如果发生分歧，也要设身处地地去为对方想想，假设对方真的错了，也要掰开揉碎地讲讲道理。切不可一听不同意见就立刻火冒三丈，拍桌子，打板凳，以自己的辈分去压人。我们有人爱把"制怒"二字作为自己的座右铭，事实上，在长辈听晚辈讲话时，倒需要经常默念这两个字——制怒。

　　话说回来，恨铁不成钢也好，望子成龙也好，这里边无疑是含相当多的自私自利成分的。恨铁不成钢与望子成龙，当然有他为社会、为国家着想的一面，但与此同时，更多的成分应当是为自己，为家庭。要不然为什么在远近亲疏之间，这种心情的急切感会有如此大的差别呢？因此，我们在听到和看到孩子的某些表现不如己意时，就更应冷静，更需客观。对他们的解释不闻不问，一概挡于耳外，只因自己的要求与希望落空去大动肝火。只要求对方听我的，而公开宣布我绝不听对方的。这些都是不合道理的。

长幼之间的平等与理解是互相沟通的基础，也是长辈听取晚辈意见的最关键的态度，有了这个基础，再加以认真思考分析，不墨守个人成规并谆谆教诲，那就是长辈听晚辈讲话的最理想的方式了。

最近莫若夫妻，
学会生活中正确与爱人沟通

"至亲莫过父母，最近莫若夫妻"。一个人一生中听到讲话最多的人，大约首先要属自己的爱人了。"枕头风"就是指爱人之间的讲话。如何对待"枕头风"当然也就是如何听爱人讲话的一个很重要的原则。

既然"最近莫若夫妻"，那么有很多不能对别人说的话，夫妻之间就可以说，一些从别人口中听不到的话，也就可以从爱人口里听到。

但是，听爱人讲话又最难。为什么说最难？其原因就在于说话的是你爱人，是与你有着最紧密的利害关系的人，所以，听他（她）的话，你往往会随声附和，失去自己的判断能力，结果造成误听误信。这也正是"枕头风"可怕之处。

古代中国，女性社会地位低，对于涉足政治的女性，称之为"女祸"。何谓"女祸"？就是说她们在政治上造成了祸患。既然女性大多不是一把手，那么，祸由何来？准确地说，其实应当是"听祸"。当权的男人，未能正确听取爱人的话，取其不当，甚至变本加厉，投她之所好，结果才出现了惨不忍睹的结局。夏桀、商纣和周幽王，就是其中的代表。

当然，这些人未必都是百分之百的唯老婆之言是从之人，其所以这样做，是因为自己也有这种癖好，两个人臭味相投，沆瀣一气，结果就用爱人的话做根据，大干起来。然而这种毛病在一般人身上也极多见，只是其严重性各有不同而已。在我们听爱人讲话时，特别是当他（她）的话正说到我们的痒处，起到推波助澜作用的时候，一定要特别冷静，多多思考，反复琢磨，并且要多多从反面去想，想想有哪些不当、不利的地方。

65

还由于"至亲莫若夫妻"，所以，有时爱人说出的话是你从别人那里听不到的，因此也就会感到特别甜蜜、特别亲切。然而，我们也要告诫您：就在您感到特别甜蜜，特别亲切，从而陶醉在美妙的气氛里时，也不要忘记从反面去思考一下它的不利或不足，千万不要美昏了头。

当您听未婚恋人讲话时，更容易激动和忘乎所以。和恋人在一起时失去正常的判断能力是正常的，管对方讲什么，你都觉得头头是道，句句在理，没有什么不能答应，也没有什么做不到的。于是接踵而来地就是轻易地许诺，不计后果的说话，结果尴尬非常，甚至做出意想不到的蠢事来。热恋中保持冷静是十分困难，也是十分必要的。

生活的经验告诉我们，真正的爱情是希望给对方带来欢乐。但是，仅仅出于这种天真的目的，有的话就只有说的价值，而无行的意义，如果你看不清此点，把听到的都认为是必须真的予以实现的，那就过于天真了。

在爱人间的谈话中还有一点必须十分注意，那就是嫉妒。

爱情是排他的，嫉妒是人的本能。一对真正的恋人，如果已无嫉妒可言，那么爱情也就几乎不再存在了。在中国旧日的伦理中，男人对女人的妇德要求之一，就是"不妒"。显然这是极不合理，也是极不现实的。旧中国所以提倡这种"不妒"的妇德，就是因为男人有权力在正室以外纳"偏房"。有钱人三妻四妾名正言顺，皇帝更是三宫六院，而对女人则严格要求"从一而终"。所以，在正常的婚姻之中，嫉妒总是与爱情共存，有欢乐必定伴随着苦恼。这样，你在听爱人讲话时，如果发觉有醋味，听到有嫉妒的潜台词，千万不要烦心，更不要恼火，而是应感到自然或者有些自豪。很多夫妻，正是不了解这一点，结果一听到这些，就产生反感，闹得不可开交，那样一来就未免南辕北辙、大煞风景了。

另外，爱之深、责之切也是爱人间的特有关系，这一点显然要比长辈对晚辈来得更加迫切。所以，爱人往往对你唠叨不休，反复劝诫，要你别再抽烟，别再喝酒，注意锻炼身体，出差不要忘记多带衣服，要养成读书的习惯，甚至埋怨你为什么总是一再碰壁，得不到升迁。对于这些话，你一定是听得太多了、太久了，但希望你千万不要随便感到厌烦。因为，你要懂得，恰恰就是这些，才表达了你们之间相依为命的特殊关系。

　　学会听和善于听是加深和维持爱人间的感情、消除误解的良好手段，而不善于听和不会听则会破坏感情，或者撕开原来并不显著的裂痕。

　　有人说："恩恩爱爱不到头，口口角角一辈子"。这话在剔除了其中的迷信成分以后，其实是颇有一些科学道理的。所谓恩恩爱爱，从不争执的夫妻，一般情况下是没有的。即使存在，如果不是一方屈从另一方，则恐怕是并不现实的。中国漫长的封建社会扭曲了女人的形象与性格，使她们成为男方的附属物和应声虫。她们与男方之间，根本谈不上什么"相敬如宾"，倒是贱如婢仆。丈夫的话她们不敢不听，也不能不听。当时那顶"三从"的大帽子，明明白白地宣示着，就是要她们"在家从父，出嫁从夫，夫死从子！"否则就是大逆不道，就是犯了"七出之条！"试想，在这种封建伦理道德的重压之下，在这种巨大的枷锁桎梏之下，妻子如何能正确地去"听"丈夫讲话？因为留给她们的只有唯唯诺诺，点头哈腰了。

　　现在社会制度发生了翻天覆地的变革，妇女获得了解放，女子的经济地位和社会地位都得到了空前的提高，她们再不是男子的附属品，而有其独立的人格和经济地位。所以，也只有这时，才会有真正平等的"听"和"辨"。认真听，仔细听，不是盲从地听，而要独立地听，这不仅是一种方法，而且也是一种权利，所以爱人之间，特别是女性一方，要特别注意和珍惜这一点。那种"夫唱妇随"，男人做主，女人是附庸的年代已经一去不复返了。

　　当然，凡事都有例外，就是在封建社会里，也有夫纲不振，女权横行的日子。中国的最高统治者里也不乏这种例子，譬如汉高祖刘邦就有惧内嫌疑，结果听信夫人吕雉的悄悄话，杀了功劳盖世的韩信。唐高宗李治怕老婆，对武则天言听计从，毫无主见，结果大权旁落，武后专政，把李氏皇族诛杀得惨而又惨。唐朝大臣裴谈，就在公开场合写过一首《回波乐》，毫不掩饰地讥笑（也许他认为是奉承）皇帝怕老婆。原诗是：

　　回波尔时栲栳，

　　怕妇也是大好。

　　外面莫如裴谈，

　　里面无过李老。

　　可见，在唐代这个中国封建社会顶峰的时代，男女之间还远不像后来那样等级分明。所以，怕老婆也常见。

但是，怕老婆却也会给听爱人的话带来麻烦。大凡惧内之人，往往对老婆言听计从，不敢越雷池一步。这就使你自己失去了主心骨，丧失了判断权，后果往往是不理想的。所以大男子主义与大女子主义都是一种不正常现象，正常的是男女平等，有事互相讨论，不突出不依赖某一方，这样，就等于两个人的智力加在一起，当然凡事也就多一个心眼，多一根主心骨了。

爱人之间固然是最亲密的，可以无话不谈，无事不议，但听话人切不可把自己的注意力仅仅限于这样一个小范围里，认为只要对方说的对我俩有利就照办不误，不从反面想，不提反面意见，反过来又只认为只有爱人最可靠，只有爱人最可信，那就走向了极端，事情反而是办不好的。事实上，在中国历史乃至世界历史上，一些最高权力拥有者，由于太珍视个人的名誉与地位，到了晚年，往往非亲不任，只觉得自己的爱人才是唯一忠心耿耿的人。所以，不管对方能力如何，一概委以重任，言听计从，结果却往往事与愿违，落得个身败名裂，遗恨千古。

总之，爱人的话是要听的，但要认真听，注意听，有分析地听，有节制地听，而且有时候，你还应比听别人说话使用更多的精力，去认真咀嚼这些甜蜜的话的真实效果与含义。千万不要被爱情、亲近麻痹了耳朵。

与朋友良好沟通
让你更容易获得成功

　　俗话说"在家靠父母，出外靠朋友"。听朋友讲话是处世为人的重要内容，万万不可掉以轻心。

　　我们每天几乎都在和包括朋友在内的形形色色的人进行着各种交往活动，从而表现出各种各样的行为。在交往中，我们的行为会引起他人的反应，他人的行为，也会引起我们的反应，而这种反应，在很大程度上，则是通过说与听来进行传递的。

　　但是，这些参与交往的人，除了你自己的亲属之外，并不都是朋友。现在我们发现朋友这个词有时用的就比较乱，譬如年轻人眼下见面就称对方为"哥儿们"，但是，哥儿们肯定算不上真正的朋友。

　　孔夫子说："有朋自远方来，不亦乐乎？"可见朋友是特有所指的。汉朝学者郑玄曾给朋友下定义说："同门曰朋，同志曰友。"可见不但相识，而且有同门之谊，并且志同道合之人，才能称为朋友。那么，用现在话来说呢，我想总应该是：相处较久，知根知底，而且基本上志同道合之人，才能称得上是朋友。即使如此，朋友从性质上讲也还有三六九等，大体可分为：朋友、好友、知己、诤友等等。一般的朋友，只能在一般的情况下交往，客客气气，有来有往，而知己和诤友则可以同生死，共患难，可以无话不谈，无事不议。故此，听朋友讲话，揣摩分析朋友讲话的真正含义，首先要知道对方是属于哪种朋友范畴的。

　　对一般朋友，应当礼尚往来，客客气气，所交谈的无外乎是一般的社交活动。

所以，在听他们讲话的时候，要掌握住这个分寸，态度要适当，不远不近。并且"背后莫论人非"，千万不要让自己陷入这个圈子里去。

对于相交已深的老友、挚友和知己，在听对方讲话时就可以放松一些，自由一些，甚至不拘形迹，随随便便。所谈、所听范围也可无所不至，无所不包，可以少避嫌，但同样不要任意褒贬一个人。

对于诤友，则应当洗耳恭听，不要过多考虑和计较对方的语气、态度。要知道，诤友特点就在于他们可以对你无话不谈，遇事可以认真的晓以利害。该批评的批评，该表扬的表扬。绝不碍于面子，有所保留，更不会缄口不言，这就要求听者能够真心理解对方的用心，而不在世俗的脸面和人情上去计较了。

春秋时有一对诤友，那就是管仲和鲍叔牙。在管仲和危难之际，鲍叔牙不计个人得失予以帮助。

有的人不理解，就去问鲍叔牙说："你和管仲搭伙做生意，赔了钱算你的，赚了钱他多分，这合理吗？"鲍叔牙回答说："没关系，这是因为管仲家里穷，急等着开销，他不是成心要占便宜。"来人又问："他和您一块儿去出兵打仗，进攻的时候，他躲在后边，撤退的时候，他跑在前边，这不是一个彻头彻尾的怕死鬼吗？"鲍叔牙又摇头说："不然，管仲所以这样做，是因为他家里有多病的老母亲，他现在不能出闪失啊，我知道他不是一个怕死的逃兵！"这话后来被管仲听到了，他感叹地说："唉，这真是生我者父母，知我者鲍叔牙呀！"于是他们同心协力，扶助齐桓公当了中原的霸主，齐国也强盛起来了。

后来管仲生了重病，眼看没有好的希望了，齐王急着去看望他，问假如他一病不起，谁能替他出来执政？他沉默许久，没有答话。齐王问他鲍叔牙可不可以？管仲流着眼泪说："鲍叔牙是位难得的人才，有胆识，有能力，但也有一个非常致命的弱点，那就是过于疾恶如仇。一旦当他看到别人的错误时，就一辈子也忘不了，这怎么能当好宰相呢？"这话被几位弄臣易牙、开方等听到了，他们就到鲍叔牙面前去鹦鹉学舌，搬弄是非。哪知鲍叔牙听了以后哈哈大笑起来，继而爽朗地说："这正说明我和管子的交情非同一般了。我们之间是有一说一，有二说二，不像你们。试想如果我真的当了宰相，能让你们还在大王左右吗？"这几个一听，只好灰溜溜地走了。

　　管仲与鲍叔牙的故事，对于提示我们如何对待诤友讲话是很有教育意义的。诤友之间重的是真感情，讲的是实事求是。他们不计较言词的曲直、轻重，也不以一己之私去妨害公务。所以，听诤友讲话，是要有肚量和涵养的，并且要真的做好批评与自我批评。

对手才是最了解你的人，
要友好听取对手的话

这里所谈的对手，并不是兵戎相见、你刀我枪的战场上的敌人，而是指生活中、业务上与相关的对手，诸如学术讨论中的对手，业务交往上的对象，商务谈判上的对手等等。

听对手讲话，我们认为最关键的问题是要保持沉着冷静，必要时尽量采取后发制人。

面对对手，很多人最容易犯的大毛病是：浮躁，急于发言驳正对方，殊不知这样刚好误入对方彀中，极易授人以柄。

如果你面对的是学术争论上的对手，那么你就应当静静聆听他所提出的反对意见，听得越耐心，越仔细，越完整越好。因为只有这样，你才能真正弄明白对方的想法是什么？论据是什么？没有这些素材，你就不可能提出有效的反驳意见。和这同等重要的原因是，你必须在你的对手面前，显示出自己的学者风度，表现出你的涵养和深沉。有些人误以为，虚心听取对方意见，长久地思索，不予回击是弱者的表现，会被对方看不起，这实在是天大的误会。事实上，深沉乃是对对手的震慑，引而不发更会使对方感到你难以捉摸，从而乱了阵脚。兵法云："知己知彼，百战不殆。"而在讨论中静听、默思对方的意见，则是知彼的最好方法。能够知彼，在斗争中已然先拔头筹，又何必心浮气躁，浅知即言呢？

兵法还说："静如处子，动如脱兔"。意思是引而不发，准备条件，积蓄力量，务求做好一切准备，不发则已，一发惊人，务求一击中的，弹无虚发。如果采取零打碎敲的办法，条件准备不充分，力量积蓄不够，贸然出击，就有吃败仗的危险。况且兵法还说："折其十指，不如断其一指。"击不中要害的十击，比不上恰中要害的一击。

我国古代伟大的军事科学家孙子在这方面曾有如下精辟的论述：

"知彼知己者，百战不殆；不知彼而知己，一胜一负；不知彼，不知己，每战必殆。"

"故君之所以患于军者三：不知军之不可以进而谓之进，不知军之不可以退而谓之退，是谓縻军。"

兵法："一曰度，二曰量，三曰数，四曰称，五曰胜。地生度，度生量，量生数，数生称，称生胜。"

这些理论关键的一点就是要先了解自己，再了解别人，了解得越全面，越深入，取胜的把握就越大。所以说与对手相持，真正的勇敢者不是急躁冒进，轻易出击的人，而是沉着冷静，引而待发的老成持重者。拳击之所以有力，在于先屈而后伸，而不是一直挥舞着拳头的人。

当然，我们可以用战争来比拟日常工作和业务活动中的对手。但是，这两者终究有所不同。战争是你死我活的激烈抗争，所以孙子说："兵者，国之大事，死生之地，存亡之道，不可不察也。"而日常的讨论、会谈、商务就没有那么严重。因此，在设法取得胜利，达到目的的同时，还要注意风度，而静听别人的讲话，不插嘴，不打断，然后经过深思熟虑，再认真慎重地表态，就恰恰是最优异和可亲的风度。

俗语说："一通百通"，以上的理论和注意事项完全可以推广到听其他各种对手的讲话当中去。

当然，只是静听还是不够的，或者说，听只是手段，而不是目的，我们的真正的目的是通过听来收集、获得对方向我们直接传播过来的信息。耳朵只是讯号接收器，它能接收一连串字码，但却不会解码，解码要靠我们的大脑里面储存的各种知识。因此，听的同时，还要不断地梳理、思考、分析，从中找出最根本、最重要、最原则的东西，然后再来制定对策，判断对错，确定我们的答案，这才是一个完整的过程。

要做到这一点，很关键的还在于要有涵养，不要激动，特别是不要受对方比较激烈的语言和强词夺理甚至是颠倒是非的刺激。因为激动的结果刚好会影响你听的行为，破坏你的正常思维，从而导致忙中出错，给对方以可乘之机。有时对方正是抓住这一点用激将法，以便浑水摸鱼，乱中取胜。所以我们必须加强锻炼，养成临机决策，处乱不惊的本领。遇事要沉得住气，面对复杂情况和激烈的言辞，及时告诫自己：多想想，再多想想。哪怕一时并无良策，也千万不可乱了阵脚，而要更加沉着地敷衍过去，以寻找缓冲的机会。

《三国演义》里有一段描写了赤壁之战前，诸葛亮为了做好联吴抗曹的工作，只身随鲁肃前往江东，并与孙吴一方主张投降的各位谋士展开舌战。面对诸多对手，诸葛亮就表现出了高度的冷静态度和敏捷的思维方法。他在对手发言时，总是从容地静静地听着，同时敏锐地抓住对方的弱点，一击中的，结果大获全胜，完全达到了预期的目的。

第三章

掌握高情商沟通术让你轻松收获高人气

用心倾听对方的心事就是对他发自内心的尊重

在许多场合，我们常常看到坐在一起聊天的人们，说者全神贯注，手舞足蹈，而听者一边装着全神贯注的样子，一边摆弄身上的某个小饰物，或者用自己的拇指与手机另一头的目标聊天，有时还常常看到倾听者总是按捺不住自己的兴奋，在对方谈兴正浓的时候插话进来，并且试图以自己的高调盖过对方。

在一些人看来，"倾听"往往不是为了真正听对方的谈话，而是在等待自己发言的机会。这可以从一个侧面反映在紧张、忙碌和快节奏的工作中人们对于时间的珍视和对于倾听的淡漠。

而对那个讲话者来说，可能再也没有比对方环顾四周、漫不经心、随意插话更令人难堪的了。心不在焉、东张西望是对对方极大的不尊重。即使你在听，也不要表现出对周围发生的事很厌烦或者很感兴趣。对方很在意你对他的谈话内容是否感兴趣，如果你东张西望，一方面分散了对方的注意力，更重要的是，对方会觉得你不在乎他，从而伤害了对方的自尊心。

所以，无论你是否对对方的话题感兴趣，都应该专心地去听。如果你没有时间听对方说完，你也许可以采取某种方式暗示，相信对方会谅解，也会适时地中止谈话，这样也不会伤害到对方的感情。

美国人性教父戴尔·卡耐基在谈到如何影响他人并取得成功的时候指出："多数人在寻求促成他人的意见同他们一致的时候，自己总是说太多的话。如果你对他的看法并不同意，你或许会想去阻止他或者反驳他，但是，最好不要这样做，因为这样有发生冲突的危险。在他人的意见还没有表达完毕之前，他根本不会注意到你。所以，你应该耐下心来，保持一颗开放的心静静听，你的态度一定要诚恳，鼓励他完全地发表他的意见。"

可见，倾听与听并不完全相同："听"是一种被动的状态，是我们在不情愿或者不自主的状态下被迫接受声音的自然状态；而"倾听"则不同，是我们主动去探究对方谈话中包含的信息和意义。倾听是一种艺术、一种心智和一种情绪的技巧，能使我们了解他人，甚至不需出声即可达到沟通的目的。

在倾听中，无论是讲话者还是倾听者都在进行认真细致的思考。美国的朱迪·C.皮尔森博士指出："一个善于倾听的人总能及时发现对方的长处，并且鼓励对方继续下去，倾听本身也是对谈话者的一种暗示和鼓励，让对方的自信心得到提升。"倾听可以帮助他人减轻心理压力。每当我们遇到不如意的事，总想找个人一吐为快，别人当然也会和我们一样，我们的倾听，在别人不如意时往往会起到意想不到的缓解作用，不管是大人物还是小人物，都会有这样的心理需求。

所以，当一位伤心的朋友找你倾诉时，千万不要拒绝，因为现在他正需要你！

反思一下，当别人说话的时候，你是不是双眼呆滞，闷闷不乐，脸上一副冷淡、烦躁的表情？是不是一心等着说话的人喘口气，好让自己插嘴说上几句？你是不是表现出一种消极否定的态度——因为自己想上去讲，所以就对说话的人做出失望、消沉、反抗、攻击的样子？如果是这样，你身边愿意与你交谈的人就会越来越少的。当然，改变的方法很简单，就是学会倾听。做好一个听众有以下几点需要注意：

1.用心倾听

眼睛注视着对方，身体前倾；还有，把手边的事先放在一旁，这代表你关心对方所说的话，而且给对方信心，让他把话说完。有些不善聆听别人说话的人由于拼命地想表达自己的意见，有时会在刹那间变得心不在焉。这是因为他们想要急着表现自己头脑好，打算向对方说些中听的话，因此将对方的话只听到一半便心不在焉了。

偶尔说上几句中听的话，是无法收到沟通效果的。彼此将内心想法完整地相互交换，才能达到沟通的目的。为了思考说些合情合理的话因而忽略对方所说的内容，抑或在中途加以妨碍时，彼此将无法相互理解。与其如此，还不如从头到尾一言不发地仔细聆听更能让对方感到称心。

2. 不要轻易插嘴

打断别人的话表示你要说的比对方的还重要。当说到乏味沉闷的时候，你常常会精力分散，漏掉关键的字句，以致误会对方的意思，甚至主观地判断对方的观点，而全然不管那个观点可能根本不是那么回事。所以，即使对方是长舌妇或反复说那几件相同的事，奉劝你还是要耐心等候，这样会比插嘴收获更多。

3. 不要向无聊投降

善加利用对方的谈话资讯，以引导谈话方向。多提些问题，引导对方谈谈你感兴趣的话题。比如，有些年岁大的人尤其喜欢向年轻人说道理。相信抱持"听老年人诉说往事令人心情沉闷"想法的人不少，然而我们可以询问他们一些他们经历过的事，聆听师长或前辈说的话，也可以增长自己的见闻。毕竟，对于先出世的人而言，有义务向晚出世的人传递往事。他们并非单纯地陶醉于往事，或只谈过去显赫的功绩而已，他们说的话，有很多时候是为了晚辈的利益。倘若聆听过前辈们的成功或失败经验后未能进行个案研究，自己也有可能重蹈覆辙。

4. 听得出弦外之音

人与人之间的对话，经常表面说的是一回事，心里想的却又是另一出回事。例如，表面在讨论如何修改文章的作家与编辑，心里想的也许却是谁的权利较占上风。恳求的或不悦的声调及弯腰驼背、手臂交叠、跷脚、眼神不定的肢体语言，通常可影响说话者70%的讯息。善用你的声调，如：深感兴趣的、真诚的、高昂的。善用你的肢体语言，如用手托着下巴，会显得你态度诚恳，而且鼓励对方说出心里的话。

5. 边听边沟通，了解对方的看法

一位沟通高手曾说过："只要善于倾听，必定可以得到不错的点子。"好的

倾听者不必完全同意对方的看法，但是至少要认真接纳对方的话语。点头、并不时说"原来如此""我本来不知道"等，鼓励对方继续说下去。说不定他（她）说的是正确的，你或许也可从中获益。如果你不给对方机会，就永远也不知道对不对。正如一位名人说："学会了如何聆听，你甚至能从谈吐笨拙的人那里得到收益。"

世界上喜欢谈论自己的人居绝大多数，所以愿意安静聆听他人说话的人最受欢迎。因此，改善倾听技术，是沟通成功的出发点，正如莎士比亚在《哈姆雷特》中所写的，"多给别人耳朵，少给别人声音"。

记住对方的名字，
是对他最妙不可言的赞美之声

卡耐基曾经说过："一个人的姓名是他自己最熟悉、最甜美、最妙不可言的声音，在交际中最明显、最简单、最重要、最能得到好感的方法就是记住人家的名字。"记住他人的名字，可以让你得到更多的友谊。每一个人都希望得到别人的关注，都希望给别人留下深刻的印象，因此，当他们的名字被别人说出来时，他们会有一种被重视的感觉。这样，你就能拉近与他们之间的距离。

拿破仑的侄子，法国国王拿破仑三世，曾称他能记下所见过的每一个人的名字。

平时政务繁忙的他，能做到这点，试问其中窍门究竟何在呢？说穿了很简单，如果在介绍时他没听清对方的名字，他会立即说："抱歉！我没听清楚你叫什么名字！"

如果对方的姓名很特殊，他还会问："请问是怎样拼的？"在谈话之前，他会刻意地提起对方的名字，以加深自己的印象，并暗中注意对方的外形、表情和反应，记下对方的种种特征。

多数人不记得他人的全名，理由不外乎都是工作太忙、无暇记这些琐事，而其实际的原因只有一个，就是没有用心去记。有些人天生记忆力好，看书、阅人均过目不忘，有些人记忆力差一些，那就只能多记几遍。这是一项重要的素质，对某些职业来说，更是工作上必需的。

据说美国前总统罗斯福就善于记忆人名。有个曾为美国历届领导人制造小车的汽车公司，在一次聚会上，公司经理"张伯伦"曾把机械师"坎茨"介绍给罗斯福。几年过去了，当"张伯伦"带着这位机械师"坎茨"再次见到总统时，罗斯福首先热情地和他们握手，亲切地叫着他们俩的名字，这使"张伯伦"和"坎茨"都感到特别的兴奋和开心。为了报效总统的惦记和知遇之情，回到了公司以后，他们两个精心设计，并用上了将近一年的时间，专门为罗斯福制造出了一辆特别坚固别致的小汽车。

牢记别人的名字是何等重要。记住别人的名字，能给对方以尊重感，能给人以合作的心理，能很快缩短你和对方的距离。

吉姆·佛雷 10 岁那年，父亲意外丧生，留下他和母亲及另外两个弟弟。由于家境贫寒，他不得不很早就辍学，到砖厂打工、赚钱贴补家用。

他虽然学历有限，却凭着爱尔兰人特有的热情和坦率，处处受人欢迎，进而转入政坛。最叫人佩服的是他还有一种非凡的记人本领，任何认识过的人，他都能牢牢记着对方的全名，而且只字不差。

他连高中都没读过，但在他 46 岁那年就已有四所大学授予他荣誉学位，并且高居民主党要职，最后还荣膺邮政部长之职。

有一次记者问起他成功的秘诀，他说："辛勤工作，就这么简单。"记者有些疑惑，说道："你别开玩笑了！"

他反问道："那你认为我成功的原因是什么？"

记者说："听说你可以一字不差叫出 1 万个朋友的名字。"

"不，你错了！"他立即回答道："我能叫得出名字的人少说也有 5 万。"

这就是吉姆·佛雷的过人之处。

每当他刚认识一个人时，他定会先弄清他的全名、他的家庭状况、他所从事的工作以及他的政治立场，然后据此先对他建立一个大概的印象。当他下一次再见到这个人时，不管隔了多少年，他一定能迎上前去在他肩上拍拍，嘘寒问暖一番，或者问问他的老婆孩子，或是问问他最近工作的情形。有这份能耐，也难怪别人会觉得他平易近人、和善可亲。

罗斯福竞选总统时，吉姆不辞辛劳地搭乘火车，穿梭往来于中西部各州，亲切地与当地民众寒暄、交谈，为罗斯福助选。每到一地，他立刻深入民众，与他们集会、共餐，并宣传罗斯福的政见，与群众进行最亲切的沟通。

返回东岸之后，他立即写信给每一个城镇的友人，要他们列出所有与会人士的姓名、住址，集成一本多达数万人的名册，最后仍不辞辛劳，一一写信给名册上的每一个人，并在信件一开始就亲切地直呼对方的名字：如"亲爱的比尔""亲爱的约瑟"等等，信尾更不忘写下自己的名字"吉姆"。

吉姆很早就已发现，当一大堆人名出现在某人眼前时，他最感兴趣、最开心的仍是他自己的名字。牢记别人的名字，并正确无误地唤出来，对任何人来说都是一种尊重、友善的表现。

每个人对自己的名字比世界上其他所有名字加在一起更要关心。

确实，如果我们遇到另外一个人，然后热情地喊出他的名字，那么，这要比一堆虚无缥缈的赞赏更有说服力；相反，如果我们无法叫出他人的名字或者把他人的名字叫错，不仅会让对方尴尬不已，而且也会让自己的真诚和热情大打折扣。

现代社会人们交际频繁，我们周围经常会碰到这样的事：两个人见面，其中一个人认识另一个人，而对方却早已忘记他姓甚名谁。有时，我们被介绍与其他人相识时，随口寒暄几句，而事实上连再见都还没说，可能我们就已忘了对方姓什么叫什么。发生这样的情况，不礼貌倒还是小事，若是赶上紧要场合，因小失大也不是没有可能。

其实人的一生中需要记忆的很多，但记住了别人的名字，就会得到别人的尊重，甚至是更多的真情回报。它是获得友谊、达成交易、得到新合作者的路标，而且可以产生其他礼节不能达到的效果。

可能会有人认为这是小题大做，但不可否认的是，现代社会中人们要求被尊重、被承认的心态越来越强。使对方有被尊重的感觉，同时使自己赢得对方好感，你所做的只不过是记住一个名字，天底下好像没有比这更简单的事了。

真诚的微笑令人愉悦，
笑是最有力的语言

　　一位成功学家曾说过，真诚的微笑，其效用如同神奇的按钮，能立即接通他人友善的感情，因为它在告诉对方："我喜欢你，我愿意做你的朋友。"同时也在说："我认为你也会喜欢我的。"微笑常常比语言更有力。

　　相信大家都有过这样的认识：微笑是一种令人愉悦的表情，在与人交往中能起到重要的作用。微笑可以大大地缩短人与人之间的心理距离，迅速增进亲近感。生活中，不管是和相识的、不相识的人在一起，或是去找人办一件事，又或是想结识一位新伙伴，一个热情的微笑就像一缕霞光，给人以温暖，使人感到轻松愉快；而冷漠的、古板的态度，只会让人感到难堪，产生被人拒之于门外的隔膜心理。正如一句谚语所说："微笑是两个人之间最短的距离。与人沟通时离不开笑，一个没有笑的世界简直就是人间地狱。"的确，微笑是一种无声的力量，能在瞬间融化心中的坚冰，解除人与人之间的樊篱。

　　我们无法完全改变自己的容貌，但是，我们可以选择用微笑来装点自己，因为微笑就是一种最容易为人所接受的礼物，而且微笑对人来说，并不是很难做到的事情，它既不需要精雕细琢，又不需刻意打造，只要有所表露，动一动脸部的肌肉就行了，但却有着不可估量的价值。你的笑容就是你的好意的信使，你的笑容能照亮所有看到它的人。对那些整天都皱着眉头、愁容满面、视若无睹的人来说，你的笑容就像穿过乌云的太阳，尤其对那些受到上司、客户、老师、父母或子女的压力的人，一个笑容能帮助他们了解一切都是有希望的，世界是有欢乐的。

　　明白了这一点，你就不会对"为什么国外某些大百货商店宁可雇用一个小学未毕业但有可爱微笑的女职员,而不雇用一个面孔冷漠的哲学博士"等这类事件而惊讶不已。

微笑是人际沟通的通行证。微笑能给人以温暖,令人愉悦和舒畅。人们如夸赞某人性格随和,就必然会想到此人真挚、热情的笑脸,这美好的形象会让人难以忘怀。

微笑能打破僵局,解除人的心理戒备。沟通的障碍之一就是戒备心理,尤其在一些重要的交际场合,人们的心理防线构筑得更加牢固,生怕由于出言不慎带来麻烦,有的人甚至一言不发,有的人尽量少说话,这样,沟通就出现了障碍,导致很多交际场合出现了僵局。在这种情况下,微笑可以作为主动交往的敲门砖,拆去对方的心理防线,使之对自己产生信任和好感,随之进入交往状态。当上级做下级思想工作时,微笑也能发挥消除下级戒备心理的功效,甚至会将下属的抵触情绪化解,无异于鼓励下级把心里话说出来,这样才能彼此沟通,达到思想交流的目的。

微笑可以表示对他人的尊重和友好。每个人在交往中都希望能受到尊重,能被对方友好地对待,而这种友善的态度,除了通过交往双方的话语表达出来之外,那就是挂在双方脸上的真诚微笑了。不管是初次相见的人,还是彼此熟悉的人,都想从对方脸上看到这种表情。所以,国家领导人接见外宾时为表达对外宾的尊重和友好,要面带微笑;公司、企业的公关人员面对各方公众时,酒店、旅馆的服务员在接待顾客时,上下班的路上熟人相见时,微笑都表示出了对对方的尊重和友好。这种微笑能使对方的自尊心得到极大的满足;相反,表情冷漠,传递给对方的是不尊重、不友好的信息,即使勉强交谈下去,气氛也是沉闷压抑的,难以取得满意的效果。

微笑还能表示对他人赞许、谅解和理解。比如,在交谈过程中,用微笑、点头的方式表示对对方意见的赞许;误解消除,对方道歉,你报之一笑表示谅解;面对顾客怒气冲冲的投诉,服务员一直面带微笑,认真倾听,以示对他心情的理解等等。

总之,微笑的功效之大,胜过其他所有的语言。

著名的美国旅馆大王希尔顿在一次新旅馆开业大会上问员工:"现在我们旅

馆新添了一流的设备，你们觉得还应该配上哪些东西，才能使顾客更喜欢希尔顿旅馆呢？"员工们纷纷提出自己的意见，但希尔顿并不满意，他说："你们想想，如果旅馆只有一流的设备，而没有一流服务员的微笑，顾客会认为我们提供了他们最喜欢的全部东西吗？如果缺少服务员美好的微笑，能使我们的上帝有回家的感觉吗？"

稍停片刻，希尔顿又接着说："我宁愿走进一家设备简陋而到处充满服务员微笑的旅馆，也不愿去一家装饰得富丽堂皇但不见微笑的旅馆。"正是这微笑让希尔顿旅馆赢得了不少顾客，给希尔顿带来了信誉和成功。

一个善于通过目光和笑容表达美好感情的人，可以使自己富于魅力，也会给他人以更多的美感，它是促进你社交成功的必要手段。

佛兰克·尔文·弗莱奇在他为欧本·海默和卡林公司制作的一则广告中，对我们提供了一点儿实用的哲学。这是对微笑的赞美：

微笑在圣诞节的价值在于，它不花费什么，但创造了很多成果。

它丰盛了那些接受的人，而又不会使那些给予的人贫瘠。

它产生在一刹那之间，但有时给人一种永远的记忆。

没有人富得不需要它，也没有人穷得不会因为它而富裕起来。

它在家中创造了快乐，在商业界建立了好感，而且是朋友间的口令。

它是疲倦者的休息，沮丧者的白天，悲伤者的阳光，又是大自然的最佳良药。

威廉·史坦——股票经纪人，在知道了微笑的神奇作用后，用了一个星期做了专门的训练，每时每刻都对身边的人微笑。他在给朋友的信中谈到了这件事：

"我已经结婚18年了，在这段时间里，从早上起来到上班，我很少对我太太微笑，或对她说上几句话。我是百老汇最闷闷不乐的人。当我听到微笑的作用后，我就决定试一个星期看看。因此，第二天早上梳头的时候，我就看着镜中我的满面愁容，对自己说，你今天要把脸上的愁容一扫而空。你要微笑起来。你现在就开始微笑。当我坐下吃早餐的时候，我说了'早安，亲爱的'，结果我的太太说我微笑的时候充满了慈祥。后来我发现这个小小的改变让我变成了一个完全不同的人。一个非常愉快的人，一个更富有的人，在友谊和幸福方面都过得很满足，而这才是真正重要的。"

所以，别再吝惜你的微笑了，因为在你把它给予别人之前，没有什么实用的价值，而在你给予别人后却能收到双倍的实效。当然，微笑看似简单，但也得把握火候。经常出现的毛病是：笑过了头，嘴咧得太大，给人一种傻乎乎的感觉；再有就是皮笑肉不笑，看上去让人觉得不舒服。要解决这些问题，纠正这些毛病，首要的是解决基本态度问题。当代心理学根据最新研究成果已经找到了真笑和假笑的区别。如果你在交谈中能够以完全平等的态度对待对方，尊重对方的感情、人格和自尊心，那么你的微笑就是真诚的、美丽的，就具有强大的凝聚力和感染力。否则，你的微笑就是虚假的、丑陋的，你所能得到的也只能是逆反心理和离心力。

总之，只要你会运用微笑，真正地把上帝赋予人类的一项特权展示出来，不仅有助于缩短人与人之间的距离，同时也为你良好的沟通打开了通畅的大门。

赞美是一种交际智慧，
是交往中最有魅力的巧言妙语

爱听赞美的话是人的天性。事实正是如此。每个人对他人都有一种心理期待，希望得到尊重，希望自己应有的地位和荣誉得到肯定和巩固，谁也不愿在人群中被冷落。心理学家证实，心理上的亲和从别人接受你的意见开始，也是转变态度的开始。如果上述愿望得不到满足，就会对周围的人产生隔膜感，也就很难进行下一步的沟通了。

从这个角度上讲，可以说，赞美是人际交往中最有魅力的巧言妙语，也是一门做人的艺术。

赞美是一种成人成己的艺术。人们需要别人的肯定和赞美，才会自我认可自己的价值，赞美他人便是成人之美，是人类的一种彼此间的合作。真诚的赞美不仅能激发人们积极的心理情绪，得到心理上的满足，还能使被赞美者产生一种交往的冲动。一句简单的赞美，有时就能使他人如沐春风，既取悦他人，又使自己如愿以偿。

赞美是一种交际智慧，它能让我们付出一点儿便会收获丰厚。当我们让别人觉得自己"高明""重要""风光"的时候，你会发现别人愿意与你分享他的荣耀和成功。

赞美是高明的办事技巧。对有能力的人多加赞美，他为你办事会心甘情愿；凡事向前辈请教，不用你缴纳学费，便能使你获得意想不到的教益；平时多关心下属，不失时机地给予赞扬和鼓励，就会使被动的服从转为主动的奉献……

拿破仑·希尔认为，人类本性最深的需要是渴望得到别人的欣赏。用最普通、最平常的语言夸奖他人，对你来说，是平常不过的事，但对对方来说，意义却非同凡响，它可以使对方愉悦，使对方振奋甚至可能因为这句话而改变自己的一生。从这个意义上来说，赞美是最大的慈善。

可以说赞美是一种博取好感和维系好感最有效的方法，要想与人建立良好的人际关系和沟通气氛，就必须学会这一招。赞美不是随口夸奖，它也是一门深含哲理的艺术。

第一，赞美他人必须出自真诚。有些人认为赞美对与他人和睦相处有很好的作用，于是不管是否值得赞美的事，一开口就是一大堆风马牛不相及的夸赞之辞。这种赞美只是一种客套话，没有真诚的痕迹，让他人听着觉得浑身不自在。这种言不由衷的赞美不但得不到他人的默许，还会让人觉得虚伪，增加对你的戒备心理。对于初次见面的人，你的称赞最好避免以对方的人品或性格为对象，而应称赞他过去的成就、行为或所属物等看得见的具体事物。如赞美对方"听说你在工作上挺出色的"，等等。

第二，赞美他人应该有独到之处。有些赞美他人的话语是经常用的，比如赞美女性年轻，赞美妻子长得漂亮，赞美领导有才能……但这类习惯性的赞美如果你用得多了，效果就会大打折扣，很难给对方留下印象，有时甚至会觉得你的赞美只是为了完成一个习惯性的程序，敷衍了事。所以，要想使你的赞美更有吸引力，就应该尽量使自己的赞美新颖一些，细心观察，在他人身上发现别人不易发现的优点。比如，出现在著名作家三岛由纪夫的著作《不道德教育演讲》中的将军，一听到别人称赞他的胡须便大为高兴，但对于有关他作战方式的赞誉却不放在心上。大概不少人赞美过这位将军的英勇善战及富于谋略的军事才干，但是他作为一个军人，不论在这方面怎样赞美他，也只是赞歌中的同一支曲子，不会使他产生自我满足感。然而，如果你对他军事才能以外的地方加以赞赏，就等于增加了新的条目，他便会感到你确实有出自内心的想法而绝非附和。

第三，赞美他人要针对对方好恶进行赞美。每个人的文化修养、性格、心理需求、所处背景、语言习惯乃至职业特点、个人经历都有所不同，所以，内心想听到的赞美也是不同的，比如，老年人总希望别人不忘他们当年的业绩与雄风，同其交谈时，可多称赞他引以为豪的过去；对年轻人，不妨语气稍微夸张地赞扬他的创造才能和开拓精神，并举出几点实例证明他的确能够前程似锦；对于经商的人，可称赞他头脑灵活、生财有道；对于有地位的干部，可称赞他为国为民、廉洁公正；对于知识分子，可称赞他知识渊博、宁静淡泊……因此，你要赞美他人，就要留心观察他人，洞悉他们的喜好，让他们听到自己渴望得到的赞美声，如果称赞不得法，反而会遭到埋怨。在尚未确定对方最引以为豪之处前，最好不要胡乱称赞，以免自讨没趣。试想，一位原来已经为身材消瘦而苦恼的女性，听到别人赞美她苗条、纤细，又怎么会感到由衷的高兴呢？

第四，赞美他人要找准时机。在有很多客人在场的时候，你如果当众赞美某个客人，可能会让这个人觉得很尴尬；当你和你的一个朋友交谈的时候，你要是总在夸赞你的另外一个朋友，你的这个朋友可能会认为你这是在低看他；当他人生病、失意时，也不适于赞美……总之，赞美要找准时机，一定要在恰当的场合发出你的赞美声。否则，即使你很有诚意，也可能造成负面影响。

第五，赞美他人时不可伤人自尊心。称赞的话如果用词不当，让对方听起来不像赞美，倒更像是贬低或侮辱，结果自然是不欢而散，事与愿违。所以在表扬或称赞他人时也要谨言慎行，注意措辞，尤其要注意赞美中不可暗含对方的缺点。

比如："太好了，在屡次失败之后，你终于成功了一回！"也不要以你曾经不相信对方能取得今日的成绩为由来称赞他。比如："真想不到你居然能做成这件事"，或是"能取得这样的成绩，恐怕连你自己都没想到吧！"类似这样的赞美让人听着不舒服。所以，称赞他人时在用词上要再三斟酌，千万不要表现出对对方的轻视。

法国作家安德烈·莫洛亚说："美好的语言胜过礼物。"每一个地方都有可赞美之人，每一个人都有可赞美之处，只要你乐意运用上述的这些技巧，把赞美大方地送给别人，那么，你的赞美声就会更加受他人欢迎，你的人际关系将畅通无碍。

有礼貌的称呼别人，
直击对方内心赢得好感

要想成为一个真正的沟通高手，要掌握的第一个小技巧就是学习怎样称呼别人，通过适当的称呼直击对方的心坎。要知道，在称呼别人的时候，称呼对了，对方自然会高兴，否则那就麻烦了。例如，对一位女士，能凑合着叫姐姐的你千万别叫她阿姨，能勉强可以称呼为阿姨的你千万不要尊称她为奶奶，否则她很有可能要对你怒目而视了。

实际上，所谓称呼，就是对人的称谓。用什么称谓称呼人，既有个礼貌问题，也有个态度问题，同时也反映了说话人与被称呼者之间的关系。所以，在社会交往中，必须讲究称呼的艺术。

那么日常惯用的称呼语有哪些呢？我们不妨看一个简单的分类：

第一类：亲属之间的称谓。亲属之间，对长辈应以亲属称谓相称，如爷爷、奶奶、爸爸、妈妈、姑姑、舅舅等。称呼长辈的姓名、职务、身份、职业等都是不礼貌的。对平辈，可相互用亲属称谓或加排行序列称谓相称，如哥哥、妹妹、二哥、三妹等；夫妻之间可以姓名相称，两人在一起时，可用昵称，但不宜在父母面前、孩子面前和公开场合使用；年长的平辈可直接称呼年少者的名字，若年少者已成年，则用亲属称谓较礼貌。对晚辈，可称呼其亲属称谓，也可直呼其名，这样显得亲切。但当晚辈有了他自己的成年晚辈时，直呼其名也就不妥当了。

第二类：熟人之间的称谓。对关系较密切的熟人，可大致仿照自己亲属的性别、年龄、身份等来确定相应的称呼，还可以"姓加亲属称谓""名加亲属称谓""姓名加亲属称谓"称呼，如"王奶奶""李叔叔"等。

在一些正式、公开的场合，可以称呼熟人职务、职业，也可以"姓加职务、职业称谓"，"名加职务、职业称谓"，"姓名加职务、职业称谓"相称。如"赵厂长""向真校长"等等。

年纪较大、职务较高、辈分较高的人常对年纪较轻、职务较低、辈分较小的人称呼姓名，这种称呼明快直爽。反之，年纪较轻、职务较低、辈分较小的人对年纪较大、职务较高、辈分较高的人直呼姓名，则是没有礼貌的表现。

不称姓而直呼其名，是最亲切、最随便的一种称呼。但这只限于长者对年轻人、老师对学生或关系亲密的人之间，没有这种特殊关系而直呼人家的名字就不礼貌，甚至还会使人生厌。

朋友、同学、同事之间，因为相处长了，称呼可以随便一些，可在姓氏前加"老""小""大"等，如"老彭""小陈"等。在亲属、职称、身份等称谓前，加上"老""大"等词，是更为尊敬的称谓，如老厂长、大姐等。对德高望重的老年人，可以在姓后加"老"字，如"李老""张老"等，这种称呼是很恭敬的。

第三类：对陌生人的称谓。对陌生人的称谓，一般来说可用以下几种方法：一是用通称。可根据人的具体年龄、性别、职业等情况称"同志""朋友""师傅""先生""小姐"等。对男人一般可以称"先生"，未婚女子称"小姐"，已婚女子称"夫人"或"太太"，若已婚女子年龄不是太大，叫"小姐"，对方也绝不会反感。而称未婚女子为"夫人"就是极不尊重了。所以，宁肯把"太太""夫人"称作"小姐"，也决不要冒失地称对方为"夫人""太太"。成年女子一般都可称"女士"。二是可以亲属称谓相呼。可根据对方的性别、年龄等情况，以父辈、祖辈、平辈的亲属称谓相称，如"大伯""阿姨""老爷爷""大娘""大嫂""大姐"等。称呼对方"大嫂"还是"大姐"时，必须谨慎从事，因为对方婚否不好确定，在没有把握的情况下，称"大姐"比较稳妥。

称呼语林林总总，不一而足，那么在运用称呼语的时候就必须要注意一些问题了，简单来说，要注意以下几个方面：

一是要注意口语和书面语的区别。口语相对于书面语言而言，显得通俗、随便，更为亲切。现代汉语中，同一个对象，可有口语和书面语两种不同的称呼，如爸爸（口语）、父亲（书面语）。在口语中，如果面对称呼对象时，运用书面语中的称呼语就显得生硬、不自然、不亲切。在某种情况下，书面语中的称呼语也可出现。如"我的祖父""你的母亲"等。

二是要注意语言环境和称呼对象的不同。在日常生活中，对我们比较熟悉的人，我们对其称呼就可随便点儿，甚至可叫小名、绰号，夫妻、恋人之间私下里还可用昵称，这样显得较亲切、自然，可以增加彼此之间的感情。但在公众场合，尤其是在会场上、课堂上，叫别人小名、绰号，就会显得不严肃、太放肆，应当以"××同志"或"××同学"相称。对不太熟悉的人，对长辈、领导和老师，也都不宜用"小名"和"绰号"，否则，就会显得不尊敬。所以，运用称呼语时，应特别注意语言的环境和称呼对象，灵活使用。在不同的语境中，对不同的称呼对象，应运用适当的、符合对方身份的及体现与自己恰当关系的称呼语。

三是要注意民族、时代、地域的差异。各个不同的国家、民族对人的称呼都有一些独特的习惯，如在日本，对妇女也可不称"女士""太太""小姐"，而称"先生"，如"米费子先生"。而汉族语言中的称呼语相对于其他民族语言中的称呼语要复杂得多，不仅要看人的性别、辈分、年龄，还要分敬称和谦称。有些语言就没这么讲究，如英语中的"aunt"翻译成现代汉语可以是"姨母、姑母、伯母、叔母"等等。所以各个民族有不同的称呼习惯，在实际运用中，要遵从各种语言的习惯。另外，不同的地域都有各自的方言，所以还要注意方言间称呼的异同。

其实，在沟通的过程中，称呼语就是一把钥匙，只有当你选择正确的钥匙去开相应的门的时候，才能将对方的心门打开；称呼语这把钥匙选择错了，就可能招致对方的反感，影响到沟通的顺利进行。

忠言不逆耳，运用好口才劝说别人更贴心

所谓"良药苦口利于病，忠言逆耳利于行"，可谓千古训条。的确，治病须不怕吃苦药，这样才会发挥疗效，达到治病的目的。可随着科学的发展，一种内苦外甜的药诞生了，它使人先感到甜味，容易服用。同样，人们对沟通水平的要求也在不断提高，古时的这条良言也要随着时代有所更新，那么在这个沟通时代，我们的忠言是不是也该与时俱进呢？难道还要说逆耳的话以示忠言吗？

别墅里住着一位大师，方圆数里的男女老少都非常尊敬他，不管谁遇到大事小情，都来找他，请求他提些忠告。

有一天，有个刚刚走入社会的年轻人带着人际关系的困惑来求他提些忠告。

大师听完他的倾诉，笑而不语。他拿来两块木板、一撮螺钉、一撮直钉、一个榔头、一把钳子、一个改锥。

他先用锤子往一块木板上钉直钉，但是木板很硬，他费了很大劲也钉不进去，倒是把钉子砸弯了，一会儿工夫，好几根钉子都被他砸弯了。后来，他用钳子夹住钉子，用榔头使劲砸，钉子总算弯弯扭扭地钉进木板里面去了。但他也前功尽弃了，因为那块木板也裂成了两半。

年轻人疑惑地看着大师，他又拿起螺钉、改锥和锤子，只见他把钉子往第二块木板上轻轻一砸，然后拿起改锥拧了起来，没费多大力气，螺钉就钻进木板里了，天衣无缝。

大师指着两块木板笑笑："忠言不必逆耳，良药不必苦口，人们津津乐道的逆耳忠言、苦口良药，其实都是笨人的笨办法。那么硬碰硬有什么好处呢？说的人生气，听的人上火，最后伤了和气，好心变成了冷漠，友谊变成了仇恨。我活

了这么大，只有一条经验，那就是绝对不直接向任何人提忠告。当需要指出别人的错误的时候，我会像螺丝钉一样婉转曲折地表达自己的意见和建议。"

这位大师告诉我们，在人际交往中，应该学会像螺丝钉一样婉转曲折地表达自己的意见和建议。这样，你的人际关系才可能和谐。换句话说，就是"良药不必苦口，忠言不必逆耳"。

其实生活有许多"良药不苦"的例子，比如，把驱除蛔虫的药做成宝塔糖，孩子们更容易接受了；将苦涩的药粉外加上糖衣或制成胶囊，既可以免除吞服痛苦，又能达到治病的效果……可见"良药"完全可以"不苦"，而且这样更能受到患者的欢迎。那么现实生活中，"忠言顺耳"是不是能一样达到"利于行"的效果呢？

马来西亚柔佛市的公路旁有这样的警告牌："阁下驾驶汽车，时速不超过30公里，可以饱览本市美丽的景色；超过60公里，请到法庭做客；超过80公里，欢迎光顾设备最新的急救医院；上了100公里，祝君安息吧！"

这样的"警告"让人读后备感亲切，想必在那里开车的司机看到这则警告后，都会自觉减速的，既温馨又不失严肃，它收到的效果自然也比我们那些枯燥乏味、陈年老套的交通标语好多了。

可见"忠言"大可不必"逆耳"也能达到同样甚至更好的目的。有鉴于此，我们应该学会把忠言变得"顺耳"，这里有五条小建议：

第一，让对方明白你的好意。你说忠言，到底是为了贬低对方抬高自己，还是为对方好，对方也许并不明确。所以，你要设法让对方感到你说这些话的确是出于一片好意。讲话时态度一定要谦和诚恳，用语不能激烈，否则对方就会以为你在教训他。

第二，不要进行比较。用人与人比的方式提忠言，往往是拿别人的长比对方的短，这样容易伤害对方的自尊心，很可能让对方顿生反抗之意，哪有心情听你的忠言？最常见的就是父母教孩子，本想让孩子向着某个榜样学习，结果话一出口就变成了"你看看你们班的小林，学习踏实，成绩也好，你咋不学学人家呢？"像这样的"逆耳忠言"，相信谁都不爱听，说等于白说，不如不说。

第三，多"引水"，少"开渠"。戴尔·卡耐基曾经说过："如果你仅仅提出建议，而让别人自己去得出结论，让他觉得这个想法是他自己的，这样不更聪明吗？"许多实践也表明，人们对于自己得出的看法，往往比别人强加给他的看法更加坚信不疑。

第四，选择适当时机。比如，当他人已经尽了最大努力而事情最终没有办好时，最好不要急于向他提出忠告。这时他可能正在因费力不讨好而懊恼，你若是向他提忠告，他可能怀疑你在指责他，心里会顿生反感。相反，如果此时你能说几句安慰的话，然后再与他一起分析失败的原因，最终他会欣然接受你的忠言。

第五，选择合适的场合。一般来说，说忠言最好避开第三者，以一对一的方式进行，以免让他产生当众出丑或尴尬的感觉。比如，张三在工作总结会上将"棘手的问题"念成了"刺手的问题"，这时虽然你是出于好心，也不宜当着大家指出这个错误，否则他一定会认为你是有意让他出丑。美国的罗宾森教授曾说过一段很有启发意义的话："人有时会很自然地改变自己的看法，但是如果有人当众说他错了，他会恼火，会更加固执己见，甚至会全心全意地去维护自己的看法。这不是因为那种看法本身有多么珍贵，而是因为他的自尊心受到了威胁。"罗宾森的话告诉我们，人人都有自尊心，人人都有维护自己尊严的本能。

忠言，对于帮助他人和建立真诚的人际关系，确实有重要作用。从另一个角度来说，不能给予他人忠言的人不是真诚的人，这种人不会将自己的真实感受和有价值的想法告诉对方。也就是说，不爱别人的人不会给予他人忠言，不被爱的人也同样得不到忠言。因此，我们应该欢迎忠言，更应该给人以忠言。但是一定要记住这个时代的原则："爽口良药更利病，忠言顺耳尤利行"。

打破尴尬局面是沟通最基本的技巧

很多不善于交流的人都存在这样的困惑，他们总觉得不知道与别人说什么，不管是初次见面，还是朋友聚会，往往是一阵寒暄过后就找不到继续的话题，于是就陷入了尴尬的沉默中。难道就真的没有话题可谈吗？

当然不是，如果你也有过上述的经历，就有必要好好学习一下寻找恰当的聊天话题来打破尴尬局面这门课了。这是沟通中最基本的技巧，不可不知，不可不学。

1. 聊天的话题就在你身边

寻找话题最简单的途径就是从身边的事物入手，那就是双方都同时看到、听到或感到的事物，找出几件来谈。这里要注意，不同年龄、性别或者身份的人所关注的东西并不一样，所以开始谈话前应该先做一些选择。比如，年龄大的人一般都喜欢回忆往事，可以同他们聊聊本地市政的沿革、民情的变迁、风俗的演化等。由于有话可说，他们往往会油然而生浓郁的谈兴。或者，如果没有别的话题，那么不妨向他们询问一下其子孙儿女的近况，一般都能撬开老年人的话匣子。如果对方是个年轻人，你可以和他谈谈路边的巨幅广告，代言的明星以及最近有什么新闻、音乐、电视、美容、旅游等，这些都可激起他们的谈兴。如果对方是一个穿着比较讲究的男士，可以从他的领带或衬衣开口，问他在什么地方买的，这个品牌的衬衫究竟好不好，和广告上的宣传是否相符。如果对方手上拿着一份晚报，看到晚报上的头条新闻，你可以问对方对当前时局的看法。如果对方是孩子的家长，你就可以和他谈谈他的孩子的年龄，小时候的趣事，现在的情况。如果对方正患牙痛，你就可以跟对方谈谈牙龄和牙医，关怀其健康，这往往是亲切交谈的话题……总之，身边的话题很多，你要细心找好对方感兴趣的，凡是这一类眼前的事物，最容易引起人们的注意，只要其中有一样碰巧对方很有兴趣，那么，谈话就可以得到发展的机会了。

2. 围绕中心由点及面

倘若你要更进一步，不想东谈一点儿、西谈一点儿，从一个主题跳到另一个主题，或者已经有一个主题引起了对方的兴趣，你想抓住某一点，把它谈得详尽一点儿、深入一点儿、充分一点儿，那么，你就以这个题材为中心，让你的思想围绕着这个中心，尽量地去想与这个主题有关的东西，然后再将这些有关的东西分门别类，整理出鲜明的系统。

例如，你们谈到了"同事关系"这样的话题，对方对此刚好有兴趣。如果你想在这个题材上多停留一会儿，你完全可以以此为中心，说说自己身边的事或者是听到的事，有可能对方会给你指出一些处理同事关系的方法，或者给你点儿小提示，然后你也应该听听对方的心声，帮他分析一下他遇到的同事间的麻烦事，这样，两人的关系自然就近了很多，可能因为彼此分担对方的心事而成为朋友。

3. 灵活地转换话题

在聊天过程中，由于话不投机或不善表达，也常出现冷场的情况。冷场一般出现在双方聊天缺乏内在动力、不感兴趣的情况下。在交际活动中，如果当事人一时没有什么需求的欲望，那么，交谈在这个时候就成了多余的事，冷场便不可避免。冷场是聊天即将失败的一个征兆，所以，学会灵活转换话题就显得非常重要了。

转换话题有三种很自然的方法：

第一，让旧的话题自行消失。当你觉得这个话题已经没有什么新的发展的时候，你就停止在这方面表达意见，让大家保持片刻的沉默，然后开始另一个话题。比如，谈一部正在上映的好电影，等到谈到差不多的时候，你就说："这部电影很卖座，不过听说有一部新片就要上映了。"这时新片可能又将吸引大家的注意力。这几句话就把话题转变了，而大家的思想与情绪还是连贯着的，所以，这是一个比较灵活妥善的办法。

第二，也可以在谈话进行当中不经意地插入别的话题，把旧的话题打断。但不要使人觉得太突然，也不要在别人还有话要讲的时候打断他。比如大家正在谈某个明星出了本书，结果因为有人喜欢有人不喜欢而展开了争论，令本来不错的气氛有点儿紧张了，这时你可以说，"对了，说起书我最近买了一本什么什么，写得特别好，我简直爱不释手，一口气就读完了……"这时大家的注意力就会转到你的这本书上。

第三，交谈本身到了应该结束的时候，即使最有趣味的谈话有时也会因为客观条件的影响非要结束不可。这时候，你要及时结束你的谈话，让大家高高兴兴地爽快地分手，不要等到对方再三看表，不要忽略对方有结束交谈的暗示。否则，无论你交谈的内容有多么精彩，对方的心里只有厌烦与焦急，不如让交谈在兴味淋漓的时候停止。

另外要注意，如果谈话可能使在场者中的任何一位窘迫或不快，比如，某人家养了很长时间的小狗死了，他正沉浸在悲伤中，最好就不要当着他的面大谈宠物之事，以免勾起他的伤感。否则，就容易"一人向隅，举座不欢。"这时候你就应该及时地转换到其他的话题，避免不愉快的事情发生。

4. 平时注意积累库存话题

天下最吸引人的话题也会有失效的时候，这时，善于交谈的人就应懂得在此时寻找其他话题"救急"。也就是说，平时我们也该留心积累一点儿"库存话题"，以备不时之需。经过证明，有以下八条话题可供冷场时"救急"之用。

第一，对方的孩子和家庭；

第二，对方的个人兴趣爱好；

第三，对方的健康；

第四，体育运动；

第五，环境、污染；

第六，热播的电影和电视；

第七，新闻趣事；

第八，日常生活中的"热点"。

总之，打破冷场的话题，"聚焦点"要准，"参与值"要高，即话题应是共同关心、能引起注意、人人可参与意见的话题，如果有某人因为性格内向或其他原因一直不发言，你可以主动问他一些问题，以转移大家的注意力，并激发他开口的兴致。

关心、体谅、坦率、热情是打破冷场最有力的"武器"。希望你在与人沟通遇到冷场时，能够以这种态度并运用上面介绍的技巧，做一次成功的"破冰"尝试。那时候你就不会在心里嘀咕："我们之间有话可谈吗？"，而是自信地面对每一个人侃侃而谈。

5. 消除与陌生人打交道时产生的害怕心理

在日常生活中，我们经常会与陌生人打交道，但很多人都有一种害怕陌生人的心理。这种心理产生的直接原因就是对对方的不了解，但正是这样，才更需要我们有效交流，以达到沟通的目的。所以，消除害怕陌生人的心理是和陌生人沟通的首要问题。

美国著名记者阿迪斯·怀特曼指出，害怕陌生人这种心理，我们大家都会产生。但是，懂得怎样毫无拘束地与人结识，能使我们扩大交友范围，使生活丰富起来，对于我们来说是非常重要的一件事。

多年来阿迪斯以记者身份往返世界各地，他和陌生人的谈话有许多是毕生难忘的。他说："这就好像你不停地打开一些礼物盒，事前却完全不知道里面有什么。老实说，陌生人引人入胜之处，就在于我们对他们一无所知。"

我们过去从来没有见过的人甚至能帮助我们认识自己。因为我们可能对一个陌生人说出我们时常想说但又不敢向亲友开口的心里话，他们因此便成了我们认识自己的一面新镜子。

事实上，我们身边的朋友，哪一个不是从陌生人变成朋友的呢？阿迪斯说："世界上没有陌生人，只有还未认识的朋友。"

那么，我们应该怎样把和陌生人的第一次交谈进行下去呢？

首先，要试着了解对方。我们害怕陌生人，正是因为不了解对方导致的。我们不了解对方的喜好、对方的职业特点、对方的家庭情况等等，这些都让我们不知道从何处下手去和对方交谈。如果谈的不是对方的兴趣点，那么很可能无法顺畅地进行下去。

其次，选择合适的话题。在和陌生人的交谈中，由于紧张或者不知谈话该如何进行，很容易导致谈话中断，出现令人尴尬的冷场，这时其实可以反其道而行之。比如：主动坦白自己的紧张和真实想法，你的坦白不仅能缓解尴尬的场面，还可能因自己的真诚打动对方，让对方放下戒备心理，谈话的气氛就会轻松一些。无论如何，坦白说出"我很害羞"或"我在这里一个人也不认识"，总比让自己显得拘谨冷漠好得多。

再比如，可以谈谈周围的环境，以此来转移对方的视线，从边缘入手，逐渐向核心问题靠拢。单刀直入往往让对方感到唐突，戒备心理比较重。而周围身处的环境是每一个人都关心的，甚至可能引起对方某一个方面的兴趣，也就达到了继续谈话的目的。总之，可以多试试改变话题来寻找对方的兴趣点。

还可以以对方为话题。一位太太对一个陌生的女士说："你长得真好看。"也许，我们大多数人都没有说这种话的勇气，不过我们可以说："我远远就看见你进来，我想……"或是："你看的那本书正是我最喜欢的。"总之，需要引起对方的注意。

很多时候，由于不知道对方的喜好，在不敢贸然改变话题的时候，可以采取提问的方式去寻找对方的兴趣点。其实，许多难忘的谈话都是从一个问题开始的。但是，提问题的时候一定要避免令人扫兴的话题。丘吉尔就认为孩子是不宜老挂在嘴边的话题。有一次，一位大使对他说："温斯敦·丘吉尔爵士，你知道吗，我还一次都没跟您说起我的孙子呢。"丘吉尔拍了拍他的肩膀说："我知道，亲爱的伙伴，为此我实在是非常感谢！"

再次，要想交谈很好地进行下去，就要把主动权掌握在自己的手中，那就是不能仅仅去找对方的兴趣点，还要有意识地引导对方进入交谈。

很简单的一点就是，你向对方提出的问题需要对方认真思考才能回答，而不是诸如"今天天气还不错吧？"这样的问题，而应该用这样的问题来引导："为什么会？……""你认为怎样不能？……""按你的想法，应该是？……""你如何解释？……""你能不能举个例子？"等等。总之，"如何""什么""为什么"是提问的三件法宝。

还有，你的讲话应该简洁而有条理，切不可让对方去猜你的真实意图，也不可让对方听到最后也没弄明白你的真实想法，那就太失败了。生活节奏的加快，让许多事情都呈现着快节奏的态势，所以，如果你说话的目的是要告诉别人一件事，那就直截了当地说出来，不必扯得过远。

避免过多的口头语也是使你的讲话更具有吸引力的好办法。口头语使你的讲话不能够连贯流畅地表述出来，而且口头语还会导致你表述的停顿，把完整的意思切割成一个个小小的部分，也直接导致了你传递给对方的信息的缺失，也就必然导致对方理解上的偏差，那沟通的目的显然就偏离了。偶尔的口头语可以帮助你思考，但切忌过多地使用口头语。

另外，在和陌生人交流时，不要用不相关的话题打断别人的谈话；不要用无意义的评论扰乱别人的谈话；不要抢着替别人说话；不要急于帮助别人把故事讲完；不要为鸡毛蒜皮的小事打断别人的正题。总之，别轻易插嘴。

最后，学会倾听。只有真正听懂对方的意思，你才能做到正确的应答，才能达到交流的目的。跟新认识的人谈话的时候，你要看着他，好好地反应，鼓励他继续说下去。这样，倾听就不是被动的，而是主动鼓励他继续说下去。

就像做很多事情一样，人们都是被好奇心驱使着的，沟通也是一样的。你对对方好奇，对方也对你好奇。这样既增加了双方的了解，还增加了彼此的生活情趣。

我们需要陌生人的刺激——一个跟我们不同、暂时是个谜的人。此外，和陌生人见面还会多少对你有所影响。在最好的情况下，能够达到彼此心灵相通、意气相投，使这次邂逅成为你以后生命的一部分。

我们当中许多人都想说别人期待我们说的话，而且总怕自己与别人不同。然而，正因为有这种不同，人生才能成为大戏台。如果我们彼此坦诚相对，不为别的，而只为互相了解，那么我们就能谈得投机，相见甚欢。

主动热情地表现自己，
不让自己成为交际边缘人

在与人相处的时候，每个人都希望别人对自己热情、周到、彬彬有礼；当工作、生活在一个集体中时，同样希望这个集体对自己热情、友爱、充满温暖。一个丰富多彩的人际关系世界是每一个人正常生活、成就事业的需要。可是，很多人的这个需要都没有得到满足。他们总是感叹世界上缺少真情、缺少帮助、缺少爱，因为在他们身上时有被冷落的情况发生，他们于是愈加抱怨别人对自己冷淡。

其实，很多人之所以缺少朋友，仅仅是因为他们在人际交往中总是采取消极的、被动的退缩方式，只做交往的响应者，不做交往的主动者，总是期待别人主动热情，友谊和爱情从天而降。这种做法对人际交往危害巨大，很可能会让我们越来越孤单。因为没有人会无缘无故对我们感兴趣的。

面对被人冷落的局面，不同的人有不同的反应：有的人会拂袖而去，有的人会给予回击，有的人会因此而灰心丧气，失去了前进的信心。这些消极的做法往往会因小失大，影响交际效果。由此可见，正确认识和对待这种被冷落的现象有着十分现实的意义。简言之，如果想赢得别人，与别人建立良好的人际关系，摆脱孤独的折磨，就必须主动交往。

心理学家研究发现，有两点原因影响人们不能主动交往而采取被动退缩的交往方式：

第一，生怕自己的主动交往不能引起别人的响应，从而使自己陷入窘迫、尴尬的境地，进而伤及自己脆弱的自尊心。而实际上，在现实生活中，每一个人都有交往的需要，因此，我们主动而别人不采取响应的情况是极其少见的。换个角度想，如果别人主动对你打招呼，你会采取拒绝的态度吗？

人际关系学家做过这样一个实验：在火车上，坐在一个"隔间"里面有六个人，如果这六个人里面至少有一个是主动交往的人，那么他们总是会谈得热火朝天，一路上充满欢声笑语；如果这六个人没有一个人主动和别人交往，那么，他们就会始终处在无聊的气氛中，看书也没劲，对视又很尴尬，所以干脆闭上眼睛养神。这个实验的结果提示我们，当你尝试着主动和别人打招呼、攀谈时，你会发现人际交往是如此容易。

第二，人们心里对主动交往有很多误解。比如，有的人会认为"先同别人打招呼会显得自己低贱""我这样麻烦别人，人家肯定会烦的""他又不认识我，怎么会帮我的忙呢"等等。其实，这些想法没有任何可靠的证据能证明其正确性，却又实实在在地阻碍着人们的主动交往，从而失去了很多结交别人、发展友谊的机会。也许，你仍然信服曾经那些不去主动交往的理由，那么，你总该相信实践是检验真理的唯一标准。不去尝试，永远不会真正有心得。实践一下，你就会发现你的担心是多余的。

当你能克服上述两种消极的心态，并积极主动去与人沟通时，你的受欢迎程度一定会有很大的提高。

那么，我们常常所谓的"被冷落"又是怎么一回事呢？

其实，被冷落是一种主观的感受，至于是否真的被别人冷落，并不一定。一种可能是别人并没有有意地冷落你，只是你的"期望值"过高，而对方的热情没有达到你期望的程度，于是，你感到被冷落了。其实，这是一种误会。

另一种是，由于某种原因，你的确被对方冷落了。这时，你就该拿出"宰相肚里能撑船"的气度，自觉调整好自己的情绪，不计较别人的态度，也不看别人的脸色行事，依然故我，与周围的人友好相处。切不可抱怨别人不重视自己，否则就会大大地束缚你交际行为的主动性。

那么，我们应该怎么办才是正确的呢？

如果是一个全都是陌生人的聚会，你可以先和周围的人打个招呼，同时简练热情地讲几句恭喜的话，问问对方有没有需要自己帮忙的事情。

如果同去的老朋友比较多，那就尽可能和他们在一起，大家聚一聚，谈一谈，玩一玩，相互交流一下一段时间内的经历。

你还可以主动参与一些娱乐项目。跳跳舞，唱唱卡拉 OK，打打扑克，都能给你带来意想不到的收获。还可以做一个忠实的观众，为别人鼓鼓掌、喝喝彩，让自己快乐起来就好。如果周围的人也闲着无聊，可以自己组织一些娱乐项目，大胆地向你周围的人提出建议。

你还可以主动为别人帮帮忙，比如传递一下饮料等，别人会因此认为你是个"勤劳"的、能帮忙的人，以后乐于与你共事，愿意邀请你。

各种庆典一般都有宴会，吃饭时是交际的好机会。餐桌上的人相互认识认识，大家谈一谈，笑一笑，少喝一点儿酒，相互礼貌性地敬几杯，都是很有必要的。千万别一声不吭地坐在那儿自怨自艾。

总之，当你被人冷落的时候，一定要主动热情地表现自己。无论是达到什么样的效果，你都会从中感到过剩能量得到释放的一种轻松和欢愉。通过自我表现，你不仅可以更多地去发现生活中的欢歌笑语，而且完全可以主动地排"冷"取"热"，甚至化"冷"为"热"。

帮助他人改变命运，
最重要的是靠诚恳的鼓励和赞扬

著名的社会活动家凯苏拉多年从事心理咨询，曾经帮助许多失意者走出迷茫、走向成功。

有记者采访她："你帮助他们改变命运，最重要的是靠什么？"

她不假思索地说："我使用的这种方法有种魔力，用它可以帮助哑人说出话来；帮助灰心失望者露出笑容；帮助受到挫折和不幸的人获得幸福……这种力量就是我们所知道的——诚恳的鼓励和赞扬。"

这个回答让很多人觉得难以置信，仅凭鼓励和赞扬能取得这么大的成功吗？是的，也许你不相信，但激励的话的确有这种力量。

威廉·丹福斯是美国密苏里州东南地区农场的一个生病的孩子。他在小学遇到了一位优秀的老师，老师用挑战的方式鼓励他："我激励你！""我激励你成为学校中最健康的孩子！""我激励你"成了威廉·丹福斯一生自我激励的语句，这句话也改变了他的一生。

他果真变成了学校中最健康的孩子，并出版了名叫《我激励你！》的畅销书。今天这本书正在激励着人们勇敢地把这个世界改造为更好的住所。

正是因为"我激励你"激励着他建立了美国最大的公司之一——若斯通·培里拉公司；正是因为"我激励你"激励着他从事创造性的思考，负债转化为资产；正是因为"我激励你"激励着他组织美国青年基金会……

从威廉·丹福斯身上我们不难看到激励的作用。的确，一句自我激励语能有力地帮助人们发挥积极的心态！所以，在我们与人沟通中一定不要吝惜你的激励之词，说不定你的一句话就能改变某个人的一生，说不定你的某一个鼓励的动作就会让他感动一生！

一所国际著名大学邀请彼得做演讲，彼得是世界知名的企业家的，他的产品遍布世界各地。演讲大厅聚集了来自各地的学生，他们都是彼得的崇拜者。

"我成功的原因在于勤拍别人的肩膀。"彼得的开场白把在场的人震住了。接着他与大家分享了自己的一段经历：30年前，我是一个碌碌无为的青年，没有文化，没有背景。我做过小买卖，赔本；想好好学点儿知识，又学不下去。我觉得自己一无是处。于是我坐在公园里的石椅上，紧缩着脖子，欲哭无泪。

"为什么！为什么我这么不顺利！我努力过，我奋斗过，可上帝从不眷顾我！我活着还有什么用？活着还有什么用！"我不管不顾地大叫着。这时，有一个老人走了过来，坐在我旁边。他笑了一下，然后艰难地起身拍了拍我的肩膀，平静地对我说："年轻人，一切都会好的。我相信你！"然后蹒跚着消失在夜幕里。

"我的内心强烈地震撼着。从来没有一个人相信我能成功，而那个陌生的老人竟然对我有信心，为什么我不能战胜自己呢？那个夜晚的邂逅彻底改变了我对生活的态度，从那时起，我投入了比往常更多的精力做自己该做的事。遇到挫折，我都会回忆那天晚上的事，想到那一拍，身上就有一股莫名的力量。终于有一天我的事业小有成绩了，当然，我也学会了拍别人的肩膀。路上遇到讨钱的乞丐，家门口出现的推销者，愁眉苦脸诉说苦楚的朋友，我都会微笑着拍他们的肩膀：'一切都会好的。'有了自己的企业，我又开始拍员工的肩膀。在企业遇到困难的时候，在电梯里，在办公室里，冷不防有员工拍我的肩膀：'嘿！彼得！加油！'每当这时，我就觉得身上有使不完的劲了。"

有人把激励解释成一种爱，因为激励意味着给予力量，给予信心，给予能量和热情，而且还包含着我们的信任。

曾经有一位父亲，带着已认为是无可救药的孩子到心理诊所。那个孩子已经被灌输了"自己笨，没有用"的观念。刚开始，不管心理医生怎样询问、启发，他都一言不发。医生感到实在是无从下手。后来，心理学家只好从他父亲身上找线索。只听他的父亲气愤地说道："这个孩子一点儿长处也没有，我看他是没希望了，无可救药！"

医生突发现了孩子的病因正是来自家庭的这种评价，潜移默化中他已对生活失去了信心。

找到病因，心理学家开始应用激励的方法。他了解到这个孩子喜欢雕刻，甚至可以说在这方面具有天赋，还颇有高手的意味。他家里的家具到处是被他刻伤的刀痕，因此常常受到父母的责备和惩罚。于是医生买了一套雕刻工具送给他，还送他一块上等的木料，然后教给他正确的雕刻方法，不断地鼓励他："孩子，你是我所认识的人当中最会雕刻的一个，我觉得你是一个天才的雕刻家。"

从此以后，他们接触频繁起来。在接触中，心理学家从各方面入手，慢慢地激励他。后来，这个孩子学习雕刻非常用功，真的成了一个雕刻家。正应了那句话"一句负面的话可刺伤一个人的心灵与身体，甚至毁灭一个人的未来；而一句鼓励的话可改变一个人的观念与行为，甚至改变一个人的命运。"后来，有人问起他成功的经历时，他说："我很感谢他（医生），是他让我有了想学习、想成功的勇气，我不想让他失望，直到现在我仍认为他是我生命中最重要的人。"

有人对激励做了这样的解释：给他人一个希望去实现，他就会尽量努力，而不愿意让你失望。这便是激励。一句暖人心肠的善意鼓励，可能会改变一个人的生活，让他从阴暗中走向阳光，而你也会成为他一生都会感恩的人。所以，在与人沟通时，我们应该学会鼓励他人，这包括说激励、启发、欣赏的话语，让对方产生热情和力量；发现对方的优点，欣赏对方的才能，抬举对方，表扬对方的成绩，表达对对方的关切。借助第三人说出对当事人的赞美。比如，我们对自己的朋友、亲人、爱人、同事以及下属甚至陌生人都可以加之鼓励之词，如："我相信你一定能成功的""在我心中，你是最棒的一个，要多加油啊""我发现，在你身上有一种非凡的潜质"……可万万不能对他人说："算了吧，别瞎费劲了……""就凭你的智商，想过关，不太现实……""你实在太笨了，不适应干这行……"。

要时刻记住，如果我们给人泼冷水，哪怕是一句很不得体的冷言，都会给他人的心理上造成无法愈合的创伤，甚至使其一生毁灭在你的冷嘲热讽中。

如果我们鼓励我们遇到的人，让他知道自己的优点，就能增强他的信心，甚至改变他的命运。所以，永远鼓励身边的人，哪怕多少有些盲目。

主动承认错误是成熟和负责任的表现

人非圣贤，孰能无过。每个人都不可避免地会犯错误，而每个人对待错误的方式又不同。比尔·盖茨指出，许多人在犯了错时，心里总是不知所措，盘算着是否应该把事实隐瞒。其实，在很多时候，主动承认错误会让你们的沟通平静而友善，同时主动认错也是鞭策自己的方法之一。

像罗斯福这样伟大的人物，也从来不怕承认自己所犯的错误。他还在纽约警备团第18中队当队长的时候，就表现出了这种高贵的品性。

曾经和他在同一个队里待过的一个中尉说："当罗斯福带队练操的时候，他常常会在中途这样喊一声：'停一下！'他边喊边从裤袋里拿出一本教练手册来，当着全队所有人的面，翻到某一页，找出他所要找的内容来，认真读了一遍，然后对我们说：'刚才我做错了一点，本来应当是这样做的。'像他这样极端诚恳的人实在不多。有时候，对他的这种行为我们常常忍不住要笑出声来。"

在他当纽约市市长的时候，在一次更为严重的情形中，他也显示出了这种特性。经过他提议和努力的一个议案在国会通过之后，他发现自己的判断错了，便勇敢而主动地承认自己的失误。"我感到很惭愧，"他当着国会议员的面承认说，"当我极力赞成这项议案的时候，我当初确实是有一点儿隐衷的,我不应当这样做。而我之所以会这样，部分原因是我的报答之心，部分是依从纽约人民的意愿。"

罗斯福从不寻找托词为自己开脱，他直率地承认自己的错误，并尽量去纠正它。他的这种做法得到了许多人的钦佩。

有时候，我们还会遇到自己的错误被人指责的情况，这时主动认错通常都要比激烈的争辩要好得多。主动地承认错误，不仅会让对方容易原谅你，更会增加彼此之间的感情，也会让彼此的沟通更加顺利地进行下去。

戴尔·卡耐基曾经亲身经历过类似的事情。在离戴尔·卡耐基的家不远的地方，有一片茂密的森林。每天清晨，卡耐基会带着自己的小波士顿斗牛犬去森林遛遛。由于清晨时到这个森林公园的人非常少，卡耐基不愿意给这条小狗系上狗链或戴上口罩。在他看来，这条小狗是个善解人意、友好和蔼的朋友。然而，其他人未必这么看。

有一天，天气很好，金色的阳光透过茂密的树叶斜照在森林深处，卡耐基带着小波士顿斗牛犬悠闲地溜达着。恰在此时，一个巡逻的警察路过，他不愿意卡耐基这样无视他的存在，于是他让卡耐基停下："你为什么让你的狗跑来跑去，不给它系上链子或戴上口罩？难道你不知道这是违法的吗？"

"是的，我明白。我想，它不会伤害其他人的。"卡耐基温和地解释到。

"那只是你的想象，可是法律没有这样规定。根据我的经验得知，有许多松鼠和小孩都曾经在这样的小狗嘴巴下受伤。你必须注意。这次我看就算了。但是，如果下次我再看见它没被系上狗链或套上口罩的话，你的麻烦就大了。"

至此之后，卡耐基按照警察的意思照办了，反复几次之后，卡耐基没有遇上那个巡警。于是，卡耐基放松了警惕，渐渐就恢复如初了。

几周之后，卡耐基依旧带着自己的小波士顿斗牛犬在山坡上散步。无巧不成书，那个巡逻的警察刚好也在此路过，冤家狭路相逢，遇到这种情况不可以装作视而不见，一定给他点儿厉害看看。

可卡耐基的做法是先发制人。他连忙说："警官先生，我可被你抓了个正着。我知道我犯了错误，我也没有任何借口。您已经警告过我，说如果我再把小狗带出来而不给它戴口罩您就要罚我。"

"好说，好说。"没想到这个巡警的声调非常柔和，"我也非常理解你，在周围没有人的时候，谁都愿意让自己的小狗自由自在地奔跑。"

"是这样的，"卡耐基回答，"但是，这显然违法。"

"不过，我看这条小狗长得这么可爱，不太可能会咬人吧？"这个巡警反而成了卡耐基的辩护律师。

"但是，它对小动物还是有一些危险的。"卡耐基继续自责。

"也许吧，但是，我们也不需要把事情想象得那么严重。"这个巡警继续为他开脱，"不如这么办。你快点儿把它带到那座小山的后面，这样我也看不到它，事情就算结了。"

从这样的事中，卡耐基得到一个结论，主动承认错误很容易能得到对方的原谅。如果我们发现自己犯了错误，就应该坦然承认。当我们能做到这一点时，就会发现气氛一下子就会缓和下来了。

因为你是站在对方的立场思考问题的，没有人会反驳自己。因此，他也会和你站在一条阵线上帮你说话，这样，沟通的气氛就会在你的自责声中营造起来。

如果我们意识到我们可能会遭受他人的责备，我们不如早一步承认自己的错误，这样反而会让自己免受他人的批评。毕竟，在责备开始的时候，我们还能掌握其中的分寸；而在接受他人批评的时候，我们就无法控制。

巡警明知道卡耐基犯了错误，可是由于他主动承认了自己的错误，使用了先发制人的策略，也就是把他人要批评和责备的话抢先说出来，那样的话，对方很可能会以宽容和谅解的态度对待你，并且宽恕你的错误。

主动承认自己的错误在工作中有时也会起到意想不到的效果。

有一位经理的秘书，工作非常勤快，也非常认真。有一次，这位秘书不小心打碎了经理爱人从美国买给经理的生日礼物——个精致的小杯子。

当时，在场的所有人都惊呆了，不知所措。这时，经理风尘仆仆地来到办公室，办公室顿时安静下来，没有一个人说话。这位秘书立即走到经理面前说："不好意思，经理，我不小心打碎了您的杯子。我明天会立即给您买一个回来。"

"没关系，反正也不值钱。"经理看到眼前的一切，立即明白了怎么回事。秘书之所以没有受到批评，主要是因为他在工作的过程中主动承认了错误，从而才能得到经理的谅解。

勇于承认自己的错误不是一件丢脸的事，而是成熟和负责任的表现。即使对方正处在气头上，一句真诚的道歉也会为解决问题打开突破口。一旦你迫使自己勇敢地这样去做，遏制自己的急躁和骄傲，它将会成为人际沟通中最奇妙的消除矛盾的调和剂。

第四章

良好的沟通能够让你在任何地方都受欢迎

准确定位自己的角色，
完美演绎生活中自己的不同角色

有人这样说过：生活就是一场无始无终、无主无次、无先无后，演也演不完的悲喜剧，我们每个人都在其中扮演着各自不同的角色，场次不同，角色亦为同。然而，生活并不同于演电影，没有彩排或试演，随时都是现场直播，而且也不会有人告诉我们饰演什么角色，完全靠我们自己感觉。

在学校读书就是学生的角色，和同学在一起你可以嘻嘻哈哈，但当你与老师交流时就应当以求教的口吻说话；你与领导在一起，那你的角色就是部下，应当以谦虚、诚恳的态度说话；你与朋友或是同事在一起，你的角色是同僚，最好就是建议而不是命令；在面对父母亲及其他长辈时你就是个孩子，与他们沟通时就要尊敬……

优秀的演员总是能在不同的角色中表现出不同的、适合剧中人物的性格，因此而被大众认可。同理，我们每个人也同时充当着多种不同的社会角色，也唯有准确把握并适时转换才能得到周围人的认可。

正如一位成功女士所说：

当我做管理人员时，我要对企业负责，我就会为了效益，为了企业形象而努力工作，有规章，有制度，这时，我的角色是一个好的领导。

当我开始写作，自己俨然就是一个作家，电话停了，朋友谢绝了，工作推掉了，全力投入到创作中，思绪如泉涌，下笔就停不住。

当与男朋友在一起时，我会迎合他的需要，满足他的温情，我会尽力显现自己女人的魅力，让他体会感情的升华，那时候我的角色是情人。

当和某些朋友在一起时，可以谈天说地，可以探讨人生，可以沟通思想，可以彼此倾诉工作及朋友之间的快乐与烦恼，那时候我的角色是知己。

当我约了很多朋友聚会，我的角色就是大家的挚友，放下一切的一切，不谈工作，不谈家事，只要大家快乐开心，拿朋友逗闷子，讲笑话让大家乐，一起游山，一起玩水。

我结婚后，家里需要生活过日子，我会全力做个好妻子，为老公洗衣、做饭，打扫卫生、收拾房间，为他待人接物，那时候我的角色是他的贤妻。

孩子生病在床或疲惫时，我会照顾他，惦念他，哄他，那时候我的角色是良母。

当我进入网络，一下子，自己就把自己虚拟化了，想起什么名字就起什么名字，想和谁聊天就和谁聊天，想说自己多大就说自己多大，想说自己是干什么的就说自己是干什么的，因为我要放松，这时我就是一个玩家。

可见，一个人在一段时期内的确需要扮演多种角色。同样的，在沟通中，每个人也要学会扮演不同的角色，以角色的身份来和别人交流，这样才能更好地体现沟通的魅力，营造广阔的人际世界。如果不能学会适时转换，就很可能给自己带来麻烦。

某公司新来了一位部门经理，因为性格开朗，年轻又热情，很快和下面的员工打成了一片，平时与大家一起用餐。他最喜欢的就是谈及他以前的"光辉岁月"，小时候家里很穷，是从山沟里一步一个脚印辛苦走出来的，是如何如何的苦、战胜了什么什么困难，现也算功成名就。一谈起来，他总是心花怒放，在场的下属们也都恭敬地听。

有一次，他的部门取得了不错的成绩，公司的上级领导带着他这个功臣一起陪客户吃饭，这位经理一如既往，又大谈他的光辉往事，为了引起领导和客户的注意，他还不时地讲笑话，许多社会上流行的顺口溜一套一套的，话题一个又一个，酒是一杯又一杯，总经理几乎没什么机会说话了。就这样，饭终于吃完了，这位经理没少喝，一上车就睡着了，这时总经理心里在想："话比我还多，还要我扶他，他是经理还是我是经理。"从此，总经理对这位经理就非常冷淡了，并且开始物色新的经理。

这位原本出色的经理之所以会落得这样的结果，是因为他没有准确定位自己的角色。他作为一个下级跟老总在一起，老总扮演的是主角，他是配角。而他恰恰反了过来，怎能不让老总生气呢？

所以，我们要引以为戒，在准备开口说话与人沟通时一定先问问自己，要说的话是不是符合自己的角色。记住，生活中有人演主角，也就需要有人演配角，什么角色说什么话。

在家里你是一位有了孩子的父亲，孩子吃饭时嘴巴的声音弄得很大，你可以直截了当地对他说："喂！注意点儿，嘴别吧唧的那么响！"

但如果你的岳父吃饭时嘴吧唧得很响，你就只能说，"今天的饭一定特合您口味，听您吃饭的声音我都有食欲。"

我们常常听人议论，某某今天真是有失体统，往往是指他所说的话有悖于别人所期待的角色规范。

同事老张是"文革"后刚恢复高考时考入大学的。同学中有的在考入大学前已工作了一段时间，也有应届高中毕业生，年龄相差很大。当时他们的班长考入大学前曾做过老师，属于老三届，常在班上以老师的口吻训斥这些年龄小的同学，大家非常反感。老张说"虽然我们比他小，但现在我们是同学，不是师生关系，他就应当忘掉自己入学前的身份，及时转换角色。"

一个人常常在人生的舞台上同时扮演着许多角色，所以要视情况随时调整自己的角色。当一个人面对不同的人时，也就拥有不同的身份，这时，就应该有符合自己身份的态度；一个人也可以在不同的时期扮演不同的角色。长期扮演某种角色容易养成一种职业习惯，但当一个人改变了这个身份时，面对不同的人，他就应该做出相应的改变，以适应新的身份。

不仅要学会根据不同场合、面对不同的人调换自己的角色，在与人交往沟通时，还应该有个正确看待自己角色的心态。在电影中，有人当影帝、影后，也有人跑龙套。这些都是角色的不同分配，多数情况下都是必不可少的，即使你是配角或是个客串角色，也不能认为自己的角色卑微，可有可无，应该投入到你的每一个角色中去，不管他是个重要还是无足轻重的角色，都要用心去感受，体会其中的滋味，把这个角色演好，让自己成为一个"最佳男（女）主角"或"最佳男（女）配角"。要知道每一个角色只要演得用心，演得好，就会被人注目。

　　角色不是一成不变的，根据不同的对象、不同的场合、不同的时间，我们应分别扮演不同的角色。你在家里会是一种角色，在公司是另一种角色，跟上级是一种角色，跟下级又是另一种角色；在这不断地变化过程中，就更要注意自己该扮演什么角色，并把这个角色扮演好。每个人时刻都在扮演着某种角色。因此，说起话来，我们应当按照某种角色来使用语言。可以说，能恰当地使用角色语言，关系到你能否成功地和别人进行高效的沟通，从而达到你所想要达到的目的。

对待不同的对手使用不同的方法
做最善于沟通的人

我们许多人交际不成功的原因就是不管对什么人，想说什么就说什么，结果常常闹出一些矛盾。但是，那些成大事的人往往能做到说话看对象。

对待不同的交际对手，应该使用不同的应对方法，我们将这种方法称之为"看客上菜"。

在人际交往中面对的人和事是多种多样的，这就需要交际者学会适应不同的情况，对不同的人、不同的事采取不同的方式，说不同的话。

纳尔逊·曼德拉是南非著名的政治家、外交家，一生都致力于解放南非黑人的伟大事业。1962 年被捕后被判终身监禁。在狱中，他从不妥协，并为将来的斗争做了大量的准备工作。迫于南非黑人的抗争和国际舆论的压力，南非白人政府被迫释放了曼德拉。1994 年 4 月，曼德拉当选为南非历史上第一位黑人总统。在那漫长的反种族歧视的斗争中，他的喜、怒、哀、乐都成为世人关注的焦点。

曼德拉出狱后，不仅要处理繁忙的工作，还得应对南非右翼势力的威胁和迫害。当有人告诉曼德拉白人右翼势力已经放出风来要暗杀他时，曼德拉却十分轻松地回答："我太忙了，无暇顾及我的生命。"

1991 年 10 月，英联邦国家举行首脑会议，曼德拉应邀参加。在一次记者招待会上，一位年轻的白人记者问曼德拉："南非局势那么乱，黑人参政到底有无希望？"

对于这样的提问，本来应很生气的曼德拉竟然十分亲切地回答了他："小伙子，我的年龄是你的一倍还多，但我比你乐观得多，你为何如此悲观呢？"

此言一出，全场哄堂大笑。原以为所提问题会使曼德拉十分难堪的那位白人记者却落得个自己难堪的下场。

轮到一位黑人记者提问题了，他支支吾吾地说："我的问题被刚才那个人提过了……"

曼德拉紧接着说："那么刚才那个人是把你嘴巴叼走的小狗。"

会场里又是一次哄堂大笑。

这里，针对不同的对手，曼德拉采用了不同的回答方式。对那位首先提出问题的白人记者，作为黑人的他控制住了自己的情绪，以一个长者的身份做了非常巧妙地回答；而在回答那位黑人记者时，他又不露声色地将自己的情绪发泄了出来，而且是以一种幽默机智的形式。

人际交往中，每个人都有自己的个性、自己的情感和不同的成长环境，所以在人际交往时他们所体现的方式自然也就不同。因此，面对不同的交际对手，应该使用不同的应对方法。

著名人际关系学家兰·勒贝茨先生通过自己多年的人际关系实践，总结出了应付各种人的九种策略。他说："与人交往时，他最害怕碰到的是以下五种人。"

第一种人是所谓的凶悍派。这种人在人际交往中常用语言或肢体暴力威胁对方。比如"这是什么话"或"我现在就要……"，或者"你要是不……我就……"等等。

第二种人是所谓的逃避派。这种人在人际交往中往往避而不见，或采取拖延战术。他们会说"明天再说吧"或"我没时间"或"这不归我管"等等。

第三种人是所谓的龟缩派。这种人在人际交往中通常采取完全逃避的态度。他们总说"我不懂"或"这不行"或"我不知道"等等。

第四种人是所谓的高姿态派。这种人在人际交往时习惯用极端的要求来恐吓对方。他们往往会说"我只等到五点"或"中午以前一定要成交"这样的话。

第五种人是所谓的两极派。这种人根本不谈，只逼你在"要"或者"不要"之间做决定。

以上所列举的五种人，我们可能在人际交往中经常会遇到。那么，我们如何对付兰·勒贝茨先生所说的自己最害怕的这几种人呢？下面请看兰·勒贝茨先生总结出的九种策略：

（1）对付凶悍派最有效的方式是引起他们的注意，必须把他们吓醒，让他们知道你忍耐的底线在哪里。当然，我们的目的不是惩罚，而是要让他们知道你忍耐的极限。

（2）指出对方行为的不当之处，并且建议双方应进行建设性的谈话，在这种情况下对方也许会收敛火气。这时最重要的是提出进一步谈话的方向，给对方一个可以继续交涉下去的台阶下。

（3）对付逃避派或龟缩派要先平定他们的情绪，了解他们恐惧的原因，然后建议更换时间或地点进行商谈，适时说出他们真正的恐惧所在，让他们觉得你了解他们而产生安全感。这种方法对付凶悍派也很有效，只要他们产生了安全感，自然就不会失去控制。

（4）坚持一切按规矩办事。凶悍派、高姿态派、两极派都会强迫你接受他们的条件，你应拒绝逼迫，并坚持公平的待遇。

（5）在人际交往时，当对方采取极端手段威胁你时，可以请他们解释为什么要采取这样极端的手段，并且可以说："我需要更好地了解你为什么会这样想、这样做，以便我能接受你的要求。"

（6）沉默是金。这是最有力的策略之一，尤其是对付两极派，不妨可这样说："我想现在不适合谈话，我们都需要冷静一下。"

（7）改变话题。当对方提出极端要求时，最好假装没听到或听不懂他们的要求，然后将话锋转往别处。

（8）不要过分防御，否则就等于落入对方要你认错的圈套。在尽量听完批评的情况下，再将话题转到"那我们针对你的批评如何改进呢"这一方面。

（9）避免站在自己的立场上辩解，应多问问题。只有问问题才能避免对方进一步的攻击。尽量问"什么"，而避免问"为什么"。问"什么"时，答案多半是事实，问"为什么"时，答案多半是意见，就容易有情绪。

在生活中如何说服他人并赢得尊重与肯定呢

说服，是以求得对方的理解和行动为目的的谈话活动。说服的关键在于帮助对方产生自发的意志。因此，说服不是为了使对方在理论上获得理解而进行的"解说"，也不是迫使对方在无奈之下付诸行动。

沟通是生活的一部分，懂得沟通并说服他人，才能在人际互动中赢得尊重与肯定。

在生活中需要说服的对象有很多，那么，如何才能达到理想的说服效果呢？这就需要运用一些聪明的方法：

1. 多以肯定开头

在现实生活中，要想说服别人接受你的意见，你就要先赞同对方的意见，凡事多说"是"。

当你和某人开始交谈时，不要选择有分歧的话题，而应选择意见一致的话题。要设法说明你们的追求是一致的，所不同的只是方法。所以，与人开始谈话时应尽量说"是的、是的"。

善于交谈的人总是在最初就会给对方以肯定的答复，从而满足他们的虚荣心。要掌握对方的心理活动，引导他们做出肯定的回答。

人们习惯以首先表示反对意见来维护自己的尊严。但如果你能使对方从一开始就给出肯定的回答，那你就可以比较顺利地引导对方同意你的观点。苏格拉底就是这样做的，他的交际方法被称作"苏格拉底方法"，最根本的就是得到肯定的回答。他总能提出他的对手不得不同意的一些问题，这样，他就得到许多肯定的回答。那么，他的对手在还没意识到，还没得出结论之前，就已经自然而然地同意了他的观点。

运用说"是"的方法，让纽约一家银行的出纳员成功地说服了一位阔绰的储户。这位出纳员说："这人到银行来存款，我按照我们银行规定，把存款申请表格交给他填写，有的他马上填写了，但有些他拒绝填写。"

我决定使用点儿'苏格拉底辩论法'。我对他说，自己的意见跟他完全一样，他不愿填写的内容，我也认为并不'十分'必要。然后我对那位顾客说：'若是你去世后，你有钱存在我们银行，你可愿意让银行把存款转交给你最亲密的人？'

那客人马上回答："当然愿意"。

我接着说："那么你就依照我们的办法去做如何？你把你最亲近的亲属的姓名、情况填在这份表格上，假若你不幸去世，我们立即把这笔钱移交给他。"

那位顾客又说："好，好的。"

那位顾客态度软化的原因是他已知道填写这份表格完全是为他着想，他离开银行前，不但在表格中填上了所有信息，而且还接受了我的建议，用他母亲的名义另开了个信托账户。

2. 以对方的兴趣为兴趣

人是以自我为中心的动物，只关注自己的兴趣。可是，想要成功地说服对方，有时就需要以对方的兴趣为兴趣，从而找到双方的共同点。

古时候，有一个年轻人，去某国应征一个官职。见到国王时，年轻人对国王大谈孔子的"仁"。谁知国王对这套学问毫无兴趣，差点听得睡着了。年轻人只得识趣地闭上嘴巴，告辞而去。

过了半个多月，年轻人又得到一个面见国王的机会。这回他不谈孔子的"仁"，改谈孟子的"王道"。谁知国王对这套学问也不感兴趣，年轻人只得再次告辞。

又过了一个多月，年轻人第三次去见国王。这一次，他不谈"仁"和"王道"，改谈韩非子的"法制"。这套学问正对国王的胃口，说者眉飞色舞，听者津津有味，不久后，即任命年轻人为宰相级的高官，授权他进行改革。

这位年轻人就是赫赫有名的改革家商鞅，他凭自己的才智演绎了一段轰轰烈烈的历史。

假如商鞅不考虑秦王的兴趣，执着于自己的好恶，那么，他可能永远也得不到重用的机会。

可以说，了解他人兴趣的能力是人生成功的最大能力。生活中不乏这样的事例：有些小学毕业生能成为世界级的大富豪，而许多博士生却终生碌碌无为。原因在于：前者了解人，后者只了解书。

总之，懂得从他人的兴趣出发考虑问题，才能摸到说服的门径；反之，只考虑自己的偏好，企图将自己的意见强加于人，正是失败者的通病。

3. 先退一步，然后寻求转机

当一个人坚持某种观点或决定做某件事情时，心里必有一个顽固的念头，决不肯轻易改变主意。这时候，你试图迅速说服他，就好像撞在墙上。与其这样，不如先退一步，诱导对方进行冷静思考，这样才可能打消他最初的念头。

有个"的姐"把一男青年送到指定地点时，此人掏出尖刀逼她把钱都交出来。她装作害怕的样子，老老实实交给歹徒300元钱，说："今天就挣这么点儿，要是嫌少，零钱也给你吧。"说完又拿出20元找零用的钱。

见"的姐"如此爽快，歹徒有些发愣。的姐趁机说："你家在哪儿住？我送你回家吧。这么晚了，家里人该等急了。"

这时，歹徒把刀收起来，让"的姐"把他送到火车站去。

路上，"的姐"跟歹徒拉起了家常："我家里原来也非常困难，咱又没啥技术，后来就跟人家学开车，干起这一行。虽然挣钱不多，咱自食其力，穷点儿谁还能笑话我呢！"

见歹徒沉默不语，她又继续说："唉，男子汉四肢健全，干点儿啥都差不了，走上这条路，一辈子就毁了。"

火车站到了，见歹徒要下车，"的姐"又说："我的钱就算帮你的，用它干点儿正事，以后别再干这种见不得人的事了。"

一直不说话的歹徒突然哭了，把300多元钱往"的姐"手里一塞，说："大姐，我以后饿死也不干这种事了。"说完，低着头走了。

如果那位"的姐"一开始就试图说服歹徒打消抢劫的念头，显然是不可能的。

她以退为进，给歹徒留下了很大的思考空间，也给自己留下了缓冲的余地，最终达到了说服目的。

4. 用"我们"代替"我"

"我们"和"我"，虽是一字之差，表达的含义却有天壤之别。由于每个人的内心或多或少都存在着潜在的"自我意识"，所以都不愿意受到他人的指使。如果他认为你是在说服他时，他的自我意识就会变得强烈，就更不易向你妥协，即使你说得天花乱坠、头头是道，在他看来你也只是在为你自己的个人利益而做一场表演而已，更谈不上听取你的高见了。

如果此时你能使用到"我们"这一字眼儿，就会立刻使他认为你们的利益一致，于是原本坚强的防御堡垒也会倒塌。对于自我意识强者，更可以利用这种方式使他就范。

那些交际大师们有一个共同的经验，即在交谈时要多说"我们"少说"我"。

比如，在工作场合，如果常用"你"这种指称，会冲淡同事间的感情；如果多用"我们"这种利于拉近彼此心理距离的指称，会造就大家"同舟共济"、共同朝着某一目标迈进的合作心理。

比如，有一位华人青年，在美国留学，毕业后，应聘到一家大公司当总经理助理。一次，该公司下属一家分公司出了一点儿问题，华人青年向总经理汇报说："他们分公司的产品质量出现问题，引起顾客投诉，我认为……"

话未说完，总经理皱着眉头质问道："你说什么？"

华人不明所以，又将刚才的话重复了一遍。

总经理很不高兴地说："你说他们分公司，那跟我们有什么关系，我为什么要来解决这个问题？"

华人青年意识到自己失误，马上纠正说："对不起，我们分公司的产品质量出了问题，我想我们应该……"

当一个人说"我"时，透露的是置身事外、超然人上的信息，而当他说"我们"时，透露的是患难同当、荣辱与共的信息；很显然，"我"显得冷漠生僻，而"我们"更有亲和力，更容易令听者接受。

125

所以，在准备说服别人时，头脑中装着共同环境的概念，要清醒地认识到"我"只是一个最微不足道的词，不要动不动就将自己跟周围的人和事划清界限，别认为别人的问题只是别人的问题，自己的事都是自己的事。这样就会自然而然地多说"我们"少说"我"。

最后还要注意，我们在说服对方时，言辞应尽可能温和委婉，使对方不致难堪，尤其注意不要用命令的口吻向人家说话。即使你站在发号施令的地位，也要回避命令的口气。因为人家是不爱听命令的。

做替人解除尴尬的"及时雨"，
为自己赢得好人缘

在社交活动中，人都难免遇到尴尬或下不来台的时候，那时我们心中多么渴望有人会出面解围，给我们找个台阶下呀。所以，学会替人解围，能适时地为陷入尴尬境地的对方提供一个恰当的"台阶"，使其不丢面子，是赢得好人缘的一大高招儿，也是为人的一种美德，这不仅能使对方对你产生好感，而且也有助于你树立良好的社交形象。

戈尔巴乔天偕夫人访问美国时，在赴白宫出席里根送别宴会途中突然下车和行人握手问好。随行的保安人员急忙冲下车，围上前去，喝令站在戈尔巴乔夫身边的美国人把手从口袋里抽出来。他们怕行人口袋里有武器，行人一时不知所措，气氛突然变得紧张起来。这时，身后的夫人十分机智，立即出来打圆场，她向周围的美国人解释说，保安人员的意思是请你们把手伸出来，跟他丈夫握手。顿时，气氛变热烈了，人们亲切地同戈尔巴乔夫握手致意。这里，夫人的机巧应变为尴尬的场面解了围。这件事也被人们广为称颂。

有时候，几句机智的话往往能化解一场无意义的争吵，从而使争论双方皆大欢喜，也给自己铺下一条更宽阔的道路。

清末陈树屏做江夏知县的时候，大臣张之洞在湖北做督抚。张之洞与抚军谭继询历来关系不合，有一天，陈树屏在黄鹤楼宴请张、谭等人。有人谈到江面宽窄问题，谭继询说是五里三分，张之洞却故意说是七里三分，双方争执不下，都反唇相讥，谁也不肯让步。陈树屏知道他们是借题发挥，对两个人这样的争论很不满，但是又不想扫了众人吃饭的兴致，于是他想给两人打个圆场，很快他就有

127

了计策，然后他从容不迫地拱拱手，言辞谦虚地说："江面在水涨的时候就宽到七里三分，而落潮时便是五里三分。张督抚是指涨潮而言，而抚军大人是指落潮而言，两位大人说得都没错，这有何怀疑的呢？"张、谭二人本来是信口胡说，由于争辩为了保全面子才不肯认输，听了陈树屏的这个有趣的圆场，自然无话可说了。于是众人一起拍掌大笑，争论便不了了之。张、谭二人对陈树屏都心存感激，不久张之洞便上言朝廷把陈树屏升至知府。

可见，替人解围，就好比交际场上的"及时雨"，能熄灭即将点燃的怒火，有时还能让大家哈哈一笑，将气氛变得轻松愉快。

作家冯骥才在美国访问时，一位美国朋友带着儿子到公寓去看他。他们谈话间，那位壮如牛犊的孩子，爬上冯骥才的床，站在上面拼命蹦跳。冯骥才看到后很不乐意，同时也感到了朋友脸上的歉意，这时如果直截了当地叫他下来，势必会使其父难堪，也显得自己不够热情。于是，冯骥才便说了一句幽默的话："请你的儿子回到地球来吧！"那位朋友说："好，我和他商量商量。"结果，既达到了目的又显得风趣。

替人解围也不仅仅都是这些大人物们有的机会，也不一定都有着重大的意义，在平时，朋友之间也存在着这样的情况。

有一次，大家一起出去游玩。到了午饭的时间，小李主动说："各位，今天我请客。"于是朋友们欢呼着一起到了一家餐馆吃饭。吃过饭结账时，小李一摸口袋面露难色，原来匆忙出行没有带钱包，这可怎么办呢？在朋友面前多难堪呀，万一大家要是误会以为自己虚情假意怎么办呢！细心的晓田看出她的情况，走上前说："对了，我想起来了，上次吃饭是你请客，今天该我付账了，别跟我抢了！"说着她急忙把钱交给服务员，小李当然知道她的心意，心中感激万分。从此，两个人的友谊更加牢固了。

看来，替人解围不仅能让人化尴尬为愉快，也能为自己带来许多好处。所以，在生活中，我们不能持有"事不关己，高高挂起"的思想，也应该学习那些机智的人，做善于替人解围的"及时雨"，随时准备为他人伸出援手。

吐字清晰，表达准确在沟通中避免产生误会

　　在沟通的过程中，经常有自己说的话被别人误解的时候，那么怎样才能使自己的话不被别人误解呢？

　　这就需要我们在措辞、语法、语调等方面多下功夫，从而使得自己的语言更容易被对方理解和接受。在这里，我们可以从广播员的身上获得一些灵感。众所周知，广播不同于电视，只是一种有声音无画面的媒体，因此，广播员在说话的时候特别注意字词音调方面的细节，避免产生误会。

　　有这样一则笑话，某女广播员一向以语言简洁、要言不烦的风格著称。某次在做播报天气情况的时候这样讲道："各位听众，早上好！预计今天白天晴转多云有阵雨，望出行的朋友务必带上雨伞，有备无患。要知道湿身事小，淋病就麻烦了。"听了这段天气预报，大多数听众都感觉啼笑皆非，因为"湿身事小，淋病就麻烦了"听起来实在有些刺耳。

　　实际上，诸如这种现象在日常的沟通中并不少见，由于措辞的时候没有考虑周详，从而会给沟通双方带来尴尬甚至误解。那么，到底该如何避免听者产生误解呢？具体来说要注意以下几点：

1. 不要随意省略主语

　　从现代语法看，在一些特殊的语境中，是可以省略主语的。但这必须是在交谈双方都明白的基础上，否则随意省略主语，容易造成误解。

　　一个星期天的上午，在一家商店，一个男青年正在急急忙忙挑帽子，售货员拿了一顶给他。他试了试说："大，大。"

　　售货员一连给他换了四、五种型号的帽子，他都嚷着："大，大。"

售货员仔细一看，生气了："分明是小，你为什么还说大？"

这青年结结巴巴地说："头，头，我说的是头大。"

售货员狠狠地瞪了他一眼，旁边的顾客"扑哧"一声笑了。造成这种狼狈结局的原因就是这位年轻人省略了他陈述的主语——头。

2. 少用文言文和方言。

在与人交谈中，除非有特殊需要，一般不要用文言文，过多使用容易造成对方误解，不利于感情的交流和思想的表达。有这样一件事：

有个小伙子，年过三十仍没娶妻，他母亲非常着急。后来别人给他介绍了一位姑娘，几天后，他写信告诉母亲："女方爽约。"母亲非常高兴，认为约会这事妥了，逢人就讲儿子有对象了。

一年后母亲要求见见姑娘，儿子才把"爽约"解释清楚。母亲连连责怪儿子话没说清楚，耽误了时间，小伙子也后悔莫及。如果小伙子当初把"爽"字改为"失"字，或许早就有妻室了。

3. 说话时要注意适当的停顿

书面语借助标点把句子断开，以便使内容更加具体、准确。在口语中我们常常借助的是停顿，有效地运用停顿可以使话说得明白、动听，减少误解。而有些人说起话来像打机关枪，特别是在激动的时候就不注意停顿了。

有一次下班途中，一位青年遇到一群刚看完电视球赛的学生，就问："这场比赛谁赢了？"

有一个学生兴奋地说："中国队打败日本队获得冠军。"

这位青年迷惑了：到底是"中国队打败日本队，中国队获得了冠军"还是"中国队打败，日本队获得冠军"呢？他又问了另一位学生，才知道是中国队胜了。

所以，我们在与人交谈时，一定要注意语句的停顿，使对方轻松地听懂你的意思。

4. 要注意同音词的使用

同音词就是语音相同而意义不同的词。在口语表达中脱离了字形，所以同音词用得不当，就很容易产生误解。如"期终考试"就容易误解为"期中考试"，所以在这时不如把"期终"改为"期末"，就不会造成误解了。

相信通过这些方面的锻炼，你一定能更好地向沟通的另一方传达自己的思想，从而使沟通效果达到最佳。

不夸夸其谈、自吹自擂，
成为让人讨厌的牛皮王

夸夸其谈，形容说话、写文章浮夸不切实际。大文学家托尔斯泰曾说过：夸夸其谈者往往是知之甚少者；知之甚多者往往沉默寡言。这样的情形很普遍，是因为知之甚少者总是以为他知道的东西便是最重要的东西，于是想讲给所有人听。知之甚多者则知道还有比他已知的东西多得多的知识，因此，他只是当别人需要时才讲，而如果别人不问，他便不讲。

仔细想想确实有道理，在与人沟通交流时常常会遇到这样的情况，有些人为了显示自己的知识、能力，就自顾自地沉浸在自己的得意事中，夸夸其谈，全然没有留意到周围人的表情。这不禁让我们想起自己在做听者时的心情，是不是早已耐心全无，心里暗暗嘲笑眼前这人不知天高地厚。在一切的愚笨行为中，再没有比这个更愚笨、更可怕的了。

最可笑的是，有些人总是喜欢拿与自己没多大关系的事来吹嘘，说自己是某某伟大人物的后裔或亲戚，或者有过一面之缘，说得好像自己就是一代名人一般。那种得意的表情，就好像与名人沾边就能证明他自己的伟大一样。

也有些人表面上不露痕迹，巧妙地掩饰了自己的虚荣心和自尊心。但是，当他遭逢挑衅不得不亮出底牌时，便会开始露骨地自吹自擂。这样的话相信你一定不陌生："那一次的纠纷，如果不是我给他们解决了，不知要弄成什么样。你们要知道，他们对任何人都不放在眼里，不过我的面子他们还是给的。"

"那件事那么办就不对，应该这样做……该找什么人就去找什么人，我就认识这方面的专家，我就是没这样的机会，要不我绝对给做得漂漂亮亮的……"

　　我们通常会有这样的感觉，一件事确定是因你的能力而得到解决，当这件值得称赞的事情被人发觉之后，人们就会很崇敬你，但倘若你自己夸张地叙述出来，所得结果就会恰恰相反，人们听到你的自夸，轻视就会把崇拜掩盖了。自己若具有真实本领，那么赞美的话应该出自别人的口，自吹自擂，得到的效果常常是相反的。

　　某外贸公司因拓展外贸业务的需要，决定向社会公开招一位管理人员。招聘广告登出后，人才招聘处便里三层外三层被围了个水泄不通……经过笔试和面试两道关卡之后，最后敲定在剩下的李甲、王乙、张丙中间选出。这筛选出来的三位应聘者个个了不得。论写，无论中文外文，均无懈可击；论讲，有问必答，应对如流，滔滔不绝，堪称难分伯仲，难以割舍，这使招聘者颇感踌躇。

　　最后，公司决定来一次"煮酒论英雄"：在某酒家设宴招待三位应聘人员，通过酒宴对应聘者再次进行筛选。

　　宴会在热烈的气氛中进行。总经理坐在应聘者中间，相互频频举杯，互作酬答，你来我往，笑语欢声不断。笔试和面试只反映了应聘者的专业知识和部分素质。应聘者有备而来，且分外警觉，所以，有些缺点就暴露不出来。而在气氛热烈的酒宴上，一些应聘者认为大局已定，思想不再设防，于是，一个真正的"自我"便赤裸裸地展现在大家面前：

　　席间王乙出言不凡："我原来那公司老板管理不善所以现在倒了，当时要是让我去管，绝对能给他管好。总经理，你只要录用我，我保证让公司效益翻一番，现在咱们这儿的政策得大调，客户关系也得重新调整，这都不用您操心，我一人全包……"

　　张丙则显得有点儿破釜沉舟的意味："总经理，我这次是横下一条心来报名应聘的，我已向原单位辞了职，我坚信，凭我的研究生的学历和原来在学生会及工作上多次成功的经验，肯定能胜任公司的工作，你们一定会录用我的……"

　　唯有李甲稳坐席间，在总经理的眼光询问之下缓缓说出："总经理，能结识您很荣幸，我非常愿意为贵公司效力。坦白地说，我对公司的了解有限，所以我不敢说我的到来会给公司带来多少利益，我只能说我会尽我最大的努力和激情协助您的工作，如果确实因名额有限而不能被录用，我也不会气馁，我会继续奋斗，我相信，如果不能当您的助手，那我一定能成为您的对手……"

那么谁将是最后的胜出者呢？

自然是李甲被录用。

在应聘过程中，有的人能够说得恰到好处而终被录取，而有的人则"尽显才能"，夸夸其谈。王乙轻言取胜，戏言赚钱，看似有胆有识，却言过其实，给人以一种不可行的感觉；而张丙的话语似乎很自信，实际却是自负，把原来的成就当成对现任工作的量尺，又热衷于吹嘘自己的学识，这些人的思想比较偏激、绝对。沟通，有时要刚，察言观色，当机立断；有时也要柔，以柔克刚，以屈求伸。思想方法单一，必然导致沟通陷入僵局。

而李甲始终都保持着清醒的头脑，言语得体，柔中有刚，充满自信，意志坚强。他的谈话彬彬有礼，不卑不亢，机智敏捷，性格开朗，具备了优良素质。他的最后那句话提醒了这家公司的人事经理：如果被录取名额所限制，并不证明自己不优秀。如果让这种优秀人才流失到别的公司去，岂不是为公司树立了一个劲敌。

想必上面的两人怎么也想不到自己输在了表达上，本以为能给自己加分的话说出来却成了失去大好工作机会的原因。不仅如此，有时，这个倒霉的习惯还会让你失去更多可贵的东西，比如朋友。这类人常自以为是最有本领的人，如果做生意，没人比得上他；如果搞艺术，会创造出最美丽的艺术品；如果当领导，能把某个大企业管理得井井有条。爱自夸的人总是很难找到真正的朋友，他们重视自己，轻视一切，不大理会别人的意见，只会自己吹牛，只想找奉承和听从他的人，而不是交朋友，于是朋友们都避之唯恐不及了。

问问自己，在与别人沟通交流时，你是个喜欢夸夸其谈的人吗？你是否也说过那些不着边际的大话？如果有，请你要警惕了，在你的朋友还没有反感你之前，一定要改掉这个坏习惯。要记住好夸大自己事业的负面作用，纵使你平日备受崇敬，听了这话反而会令人对你反感的。世间没有一件足以向人夸耀的事情，如果自己不吹擂，别人可能对你产生好感；要是自己夸耀一番，反倒被人家瞧不起。

博闻广记注意知识积累，
不做不懂装懂的纸老虎

子曰："知之为知之，不知为不知，是知也。"孔子在 2000 年前就告诉我们对知识要有一个诚实的态度，不要自欺欺人。我们的家长、老师、领导也一定不止一次地告诉我们有问题就问，千万别不懂装懂，这样才能不断进步、不断吸收新的知识。

但是在我们的周围还是有不少人喜欢用这种方式来掩饰自己知识的匮乏，以求获得别人的尊敬。具体来说，不懂装懂，大概原因有二：一是肚中本无多少知识，偶然被人问住，想明说"不知道"，又恐丢尽老脸，只好不懂装懂，顾左右而言他，敷衍了事，聊以脱身；二是自己能耐不大，又怕别人看不起自己，就在人前人后"打肿脸充胖子"，摆出一副博古通今的架势，专唬那些学识浅薄的人，借以换得他们的高看来满足自己的虚荣心，如此而已。

有时候，不懂装懂真能唬住一些人。于是这些别人口中的"饱学之士"尝到了甜头，堂而皇之地在人际沟通中大肆放纵起来，并且还总结出一些"不露破绽的经验"，比如："你说的那个新闻我早就看过报道了，其实这样的结果早就能预测到。前几天我还和某某说来着呢，还真让我说对了。""这个问题比较专业，我跟你讲一两句也说不明白，我看你不如这样，明天你去找一本看看，那本书名叫什么来着，我一时也想不起来了，特别实用，我原来就是看了那本书才把这些理论弄明白的……"

不管说起什么话题，他们总是最知道的，可你让他们说他们又好像不屑于对你说。这时你可能就更会觉得他们神秘得高高在上了，这次不懂装懂的目的又达到了。可见，不懂装懂其实是自欺欺人，是在求知过程中对待缺点和不足的一种遮掩。人不可能对任何事情都很了解，必然有很多需要弥补的地方。不懂装懂就像给不足之处盖上了一块遮羞布，施了个障眼法，暂时挡住了别人的视线，使自己得以苟延残喘。

岂不知道，到了真相大白的那一天，不懂装懂者终究要为自己的欺骗行为付出代价。有一个小笑话就讽刺了这种人：

三个人在酒吧里闲聊，点了些酒和甜点，甲乙两人自吹博学多才，丙听到了就随口问了一句，"您认为莎士比亚怎么样？"

甲回答："还行吧。""能具体说说吗？"那人又问。

甲思考了一下，看着桌上有一瓶酒，说道："只是口感不如人头马。"

丙听到大惊，"怎么，你的意思是……"

乙这时赶快接过话："嗨！你在说什么呢，莎士比亚是一种甜点，怎么当成酒了！"

莎士比亚，何许人也？酒乎？！甜点乎？！可怜莎翁一代文坛泰斗，却被两个不懂装懂的无名小卒作践成"穿肠之物"，真令人哭笑不得！笑话虽短，却发人深思。

它告诫我们：不要不懂装懂，否则容易闹笑话，让自己更尴尬。

因此说，不懂装懂不仅无用，反而有害。那么，怎样才能解决"不懂"这个问题呢？

汉代鸿儒董仲舒曾写道："君子不隐其短，不知则问，不能则学。"这就已经为我们指出了解决疑难、弥补不足的办法了。"不隐其短"就是要敢于承认自己的不足，敢于解剖自己。"不知则问"就是少几分羞涩与虚伪，多一些坦诚与谦虚；少几分臭要面子的思想，多一些不耻下问的精神。"不能则学"就是要学习自己原来不懂的东西，弥补缺陷，充实自己，成为一个有真才实学的人。

不管是在工作中，还是在与人谈论询问某些重要问题时，若有不懂的地方，千万别不好意思开口问，如果不懂，要对对方说："对不起，那件事我不太明白，能否解释一下？"

不懂就是不懂，坦诚说自己不知道有利于双方充分沟通，避免发生麻烦。

古有名训："问，是一时的难为情；不问，是永远的丢脸。"在现在这种进步飞速、变化激烈的时代，不问问题却掩饰自己的无知是危险的隐患。相反，越是优秀的人，越不会不懂装懂。他们虚怀若谷，姿态摆得很低，随时愿意向别人学习，所以他们时时刻刻都在进步。

如果真想变成"博学之士"，就必须要抛掉不懂装懂的坏习惯。踏踏实实地学习，才能在人生的道路上站得稳，才能换取别人的尊敬。

坚持主见学会拒绝，不做别人思想的奴隶

在人际交往中，常常会有一些人来请求我们帮忙，这是一件好事。当我们力所能及时，相信大家都会很爽快地答应下来；而当我们无力相助时，在很多情况下，由于人们都有一种"不好意思拒绝朋友"的心理，稀里糊涂地就答应了对方的要求，结果事情没办成，只能落得对方埋怨，不仅影响了交情，还会引得别人对你的信任度大打折扣。自己心里更是郁闷加后悔，恨当时为什么没说"不"！

这时你一定能体会到汪国真说的那句话："当你拒绝不了无理要求时，其实你害了别人，也害了自己。"害了别人则助长了他的惰性，同时也使自己心里不舒服。可是当类似的情况再发生时，你面对朋友的请求，还是没有勇气说"不"。

为什么？我心里很想说不，可我不知这话应该怎么说出口。生活中有太多的尴尬和无奈，很多就是因为我们不太会说那个最难念的字："不"。

要解决这个问题，首先，我们必须摆正自己的心态，没有必要给自己制造压力。要明白，在生活中说"不"是不可避免的。说"不"并不是一种反抗，而是一种本身就拥有的自由权。如果朋友因为你的一个"不"字而对你渐渐冷淡了，那你可以向他道明你的苦衷，说明原因，相信他也一定会谅解你的。

其次，不敢说"不"的人往往缺乏实力。他们或许害怕如果不顺着对方的意思自己会吃亏，岂知愈想讨好所有人，可能最后一个好也讨不了，因为没有人珍视他的"好"，却要加倍地责备他的不周到。愈是想对得起每一个人，愈可能对不起人，因为精力、时间、财力有限，不可能处处顾及周详，结果虽然帮了别人，却没帮好，还是对不起人，与其这样，倒不如开始就拒绝。

第三，拒绝是一种艺术，学会说"不"是一种心理解脱，它可以使你不必再

为某种承诺而深受压力之苦。学会说"不"是一种交际手段，拒绝有时虽不美丽，但实用。

当然，拒绝并不是让你直接对对方生硬地说"不"，拒绝和赞美一样，也有它的技巧。

1. 用"制度"说话

某公司的一位普通职员走进经理办公室说："我想申请更高一点儿的出差补助。"

经理回答道："这次出差确实辛苦你了，但是……"经理指着贴在墙上的"出差补充制度"不慌不忙地说，"根据本公司出差补助的制度，你的已经是最高的了。"

这位员工看了看，的确是最高了，只好埋怨制度不太合理，不再难为经理了。

2. 以"他人"为借口

小李在电器商场工作。一天，他的一位朋友来买相机。看遍了店里陈列的样品，选中了其中的一款，问小李能不能多送一件赠品，小李面对朋友，不好意思说出口。他笑着说："今天早上我们经理刚宣布过，以后谁多送客人赠品得按市价赔。"

小李的朋友听到这话，觉得自己的要求好像有些过分，就不再说什么了。

3. 抬高对方的自尊

被拒绝的人之所以会有一种不愉快的感觉，有一个很重要的原因：对方误认为你之所以拒绝他，是你不够尊重他。人们都有这样的想法：与被拒绝而失去实质的东西相比，更不愿意自己在心理上受到创伤。因此，在拒绝别人时，应该把对方抬高起来，让他从心理上过得去，有一种舒服感。这样你的拒绝就更容易被接受了。

抬高对方的办法可以是直接地对其进行赞美，或者是通过对自己的贬低抬高对方，比如：

"谁不知道你这方面的能力强，这事你都没办下来，我怎么可能办成呢？"

"我也想和你合作，可是，对于我来说，这项任务太难了，我怕和你合作反而成了你的负担。"

这样，无论这样说是否真实，其效果都要强于直接拒绝，至少也会因为这些话而得到心理安慰。

甲和乙在同一家公司上班，后来甲辞职自己组建了一个公司，几年后，工作不顺的乙打电话给甲："帮个忙，我到你公司混口饭吃吧！"

甲说："我当初在那里做得不愉快，出来创业才有了今天。我一直觉得你比我优秀多了，如果凭你的能力出来自己创业，自己做老板，会比给任何人干都强啊！我对你的能力、才干是一点儿都不怀疑！"

乙只好说："说得也是啊，也只有靠创业呀！谢谢你给我提了个醒。"

4. 给对方提出另一种选择

有异性朋友约你去家里玩，你觉得你们并不太熟，不可盲目造访，这时你可以问："你家有什么好玩的吗？"你的朋友可能会列出几样东西来，于是你接着说："我家里都有，我觉得还不如出去玩好一些。"

这样表面上是说了一个提议，实际上是拒绝了对方的请求，还可避免回答"为什么不去"，真可谓一箭双雕。

如果对方再追问何时、去何处玩，你就可以说："这我可得好好想想，想好再告诉你。"

5. 取得对方的同情

当你向别人求助时，往往会将自己的窘境一一列举，为的就是让你在心理上承认你比他强，并且希望得到你的同情。面对这种情况再拒绝，就显得有些不近人情了，谁忍心面对身处窘境的朋友并心安理得地说"不"呢？但他所托之事的确又让你为难，这时建议你在聆听完对方的牢骚后反客为主，自己也说一些不顺的事，让对方也同情你。当对方产生了这种心理后，你的目的也就达到了。这时即使你提出拒绝，或者你不提出拒绝，拒绝的意思也表达出来了。因为，你比对方的情况好不了多少，你自己还要面对种种麻烦呢，哪里还有能力帮助他呢。

6. 用幽默风趣的语言谈论道理

国学大师钱钟书先生是个不喜欢交际的人，他不愿意被人炒作，也不愿意抛头露面，只想安心做学问。他的《围城》出版后，在国内外都引起了强烈轰动。对这位名声大振的作家，许多媒体都比较陌生，于是许多记者想见一见他，但都被他谢绝了。

一天，一位英国女士打来电话，说她很喜欢《围城》，想见见钱先生。钱钟书婉言谢绝，但那位女士士却十分执着，最后钱先生实在没有办法了，便以其特有的幽默语言对她说："假如你吃了一个鸡蛋觉得不错，你认为有必要去认识那只下蛋的母鸡吗？"

幽默风趣的言语终于使对方在愉悦之中欣然接受了婉拒。

大多数人都不喜欢和总爱"唱反调"的人合作

"唱反调"，就是故意提出相反的意见、论调，或者做出相反的行动。相信大家都有这个体会，喜欢唱反调，尤其在公开场合唱反调的人通常都不受大家的欢迎，因为面对这样的人，别人自然而然地会想到两种对抗方式，一是据理力争，为自己找足够的论据，并在对方身上挑刺；二是保持沉默，警示自己，不再将自己快乐或得意的事告知这个人。结果自然是使双方疏离。

"世界首富"比尔·盖茨初创业时，遇到了一个爱"唱反调"的合作者。此人名叫罗伯特，他的公司生产出了世界上第一台微型个人电脑，盖茨的公司专为罗伯特提供软件。

罗伯特十分固执，他看不惯盖茨那班人留长发、穿着随便、边工作边听摇滚乐、在地板上睡觉，当然，他更看不惯盖茨这个"毛孩子"居然比他聪明——那时盖茨才20岁，却是个软件天才。两个人一碰面就吵，争论一些工作上的问题以及与工作无关的问题。比如，美国是否应该向日本投放原子弹？NBA的赛制是否不合理？不论盖茨持何种观点，罗伯特总是持反对意见，二人为此争辩不休。

本来，一个电脑天才加一个软件天才，完全可以携手创出一份了不起的事业。可是由于罗伯特爱"唱反调"的习惯，双方的合作无法圆满，总是矛盾不断，最后只好分道扬镳。

也由于罗伯特爱"唱反调"，他的公司员工普遍士气低落，管理混乱，最后终于干不下去了，被另一家公司收购。罗伯特本人去做了一个乡村医生。

想当年，罗伯特有那么好的发展机会，如果他不是那么爱"唱反调"的话，怎么可能在今天盖茨如日中天之时，他却默默无闻呢？

可见，爱"唱反调"对事业、对人际关系都没有什么好处，正如葛拉西安在他的《智慧书》中所说："唱反调者，只能赢得自己累、他人恨。聪明人应该设法抑制此举。事事抱有异议者，固然富于创见，然而固执己见者几乎都是傻瓜。这些人将亲切的谈话演变成为一场舌战，较之于毫无瓜葛之人，他们对自己的朋友、熟人更像个敌手。当佳肴美味可口之时，争论之硬骨头委实难啃，反驳常常使人败兴。他们是冷酷而讨厌的傻瓜。"

没有人喜欢爱"唱反调"的人，因为在一个工作场合中，如果有一个爱"唱反调"者，每天就难得有不起干戈的太平日子；在一个家庭中，如果有一个爱"唱反调"者，吵架拌嘴便成家常便饭。他们在让别人大伤脑筋的同时，自己也同时受损：如果他输掉一场争论，会被认为蛮不讲理；如果他赢得一场争论，会被认为不近人情。不论输赢，都无法得到别人的好评。

可是在生活中，爱"唱反调"的人却随处可见。这种人并不在意争论的内容如何，只是要求自己的观点与对方不同，并赢得争论而已！所以，他们每天进行的都是意气之争、面子之争，并没实际意义。而他们却在没有意义的争论中失去了无数机会——老板讨厌爱"唱反调"的员工；员工不会忠诚于爱"唱反调"的老板；朋友不喜欢与爱"唱反调"的人分享快乐；男人不愿娶爱"唱反调"的女人；女人也不愿嫁给爱"唱反调"的男人……在"唱反调"中，亲情、友情、爱情以及事业都会受损。

明知有这样的结果，为什么有些人还是乐此不疲地"唱反调"呢？难道"唱反调"真的是不可避免的吗？

我们也许并不是爱"唱反调"的人，却经常感到有需要"唱反调"的时候。因为每个人的观念或观点不可能完全一致。这时候，"反调"要怎么唱才能好听一些呢？

首先，不要采取敌对的姿态和非战胜对手不可的冲动。要知你的目的是解决问题，得罪人并不是你的本意。在你表示不同意见时，是为通过沟通达成共识，不要认为对方的观点简直是愚蠢幼稚、荒诞无稽，唯有自己的意见绝对正确。更不要一上来就让对方觉得你有意与他树敌。

其次，在你表示不同意见时，要假定自己的意见也可能有错。不要逼别人立刻相信你、认同你，要容许别人有充分的时间来考虑，而且最好还要向对方提供判断的根据。若要对方也和你的想法一样，你最好也听听他的想法。这样，一方面老老实实地说出自己真正的看法，一方面又诚诚恳恳地尊重别人的意见，这才是最理想的沟通方式。

有时候，双方的意见可能会相差甚远，为了避免互唱反调，你不妨主动声明："也许这是我的偏见。"这时再说出你的意见，对方就会乐意倾听，并进行冷静判断。如果他发现你的意见是对的，也不会固执地拒绝，还会感激你的提醒。因为你已经充分照顾到了他的面子，你的友善已经得到认同，敌意就不存在了。

如果你做得已经够好，却仍不能与对方达成共识，也不要着急，建议你们将一些问题暂时搁置，留待以后再谈，让双方都有时间把问题考虑清楚。"唱反调"不可避免，自然，我们听反调也不可避免，那么我们又该怎样面对来自别人的反调呢？成功学家提醒我们：应敞开自己的胸怀，对人大度宽容，千万不要把"反调"变成沟通中的障碍。

从某个角度讲，生活、工作中有时候也需要"唱反调"的人，人际交往有时也需要"唱反调"的人。

唐太宗李世民身边的魏征喜欢直言进谏，李世民几次都想杀掉这个多舌的人。幸而长孙皇后贤德通达，换上朝服跪行大礼庆贺：皇上得魏征如得明镜，皇上幸甚，社稷幸甚！后魏征去世，李世民痛心疾首——吾失一明镜也。

由此可见，"唱反调"的人对于我们的理想、事业、人生是大有裨益的，我们大可不必讨厌或痛恨那些出于善意对你唱反调的人。

有些人自视甚高，从心里瞧不起"唱反调"的人：你是什么东西？这儿没有你说话的地方！甚至有人视"唱反调"的人如洪水猛兽，耿耿于怀。这种想法让你不能静心听对方的话，只顾维护自己的观点，不知不觉中就重蹈了"盲人摸象"的旧辙。应付反调，大度是关键。对于反调，应泰然待之，积极与他们沟通，不妨将反调的观点和个人的观点逐一对照，比较鉴别，去伪存真。如有误会及时澄清，如果真有错，不妨大方地承认，这种高姿态、高素质往往能赢得别人的敬佩而对你少唱反调。

第五章

拥有高超说话技巧，让你和任何人都能谈得来

恭维话能够满足他人渴望得到赞赏的心理

说恭维话要虚实并用，只要分寸得当，拿捏准确，绝对胜过千般哀求、万般奔忙。

人人都爱听恭维话，人人都渴望得到别人的赞赏和好评。好听的话招人爱，这是人的天性。有的人词严义正，标榜自己不受恭维，愿听批评，其实这只不过是门面话，你如果信以为真，毫不客气地批评对方的缺点，对方表面上未必有所表示，内心却很不高兴，对于你的感情只会降低，绝不会增进。所以我们要运用兵法中的虚实之术，示假隐真，善说恭维话，这才是处事的本领。

在催债活动中，我们可以根据人的这一天性，善于恭维债务人，从而收回欠款。

1994 年 5 月，盛世食品厂与波奇食品工业供销公司签订一份价值 50 万元的进口白糖的购销合同。按合同规定，盛世食品厂付给波奇食品工业供销公司预付款共计 20 万元，盛世食品厂应在 3 个月内将余款 30 万元全部付清，运输由波奇食品工业供销公司承担。

3 个月后，盛世食品厂的欠款迟迟没有汇来。波奇食品工业供销公司这时正有几笔生意，需要大批资金投入，在这种情况下，盛世食品厂的欠款不还无异于雪上加霜。波奇食品工业供销公司虽几次函电催讨，但无济于事，于是，供销公司派出职工张某前往食品厂讨债。

张某先不着急立即去找盛世食品厂的厂长杨某，而是多方打听了解杨某的年龄、性格等情况，得知杨某并非还不了钱，而是希望拖延一天是一天，不想那么快还钱；杨某的儿子刚考上重点大学，杨某爱好广泛，特别喜欢书法，而且造诣颇深，在杨某家里还挂着他自己写的一些字画。张某得知这些情况后，对催债成竹在胸，已有全盘统筹规划。

张某打电话与杨某约定，在某日晚上张某将登门拜访。张某如期赶来，未曾落座，就嘘寒问暖，极其热情，似乎久别重逢，他乡遇故知。落座后，张某只字不提债务，反而跟杨某聊起了家常，问及家中儿女几个，现在境况如何？杨某一一予以回答，当说到儿子刚考上某重点大学时，杨某脸上泛起了层层笑意。这怎能逃过张某锐利的眼睛。张某说自己也有一个儿子，快高三了，可惜不成器，学习不好。张某言语间流露出对杨某有如此上进的儿子的羡慕之情，并耐心向杨某讨教教育子女的方法。杨某对此深有感触，侃侃而谈，流露出父母对儿子的拳拳之心和望子成龙的期盼。张某不时对杨某的某些观点表示赞同，大发感慨。张某似乎不经意地抬了一下头，盯着墙上的书法一会儿，口中啧啧赞叹了几声，然后转过头来问杨某，这是谁人的墨宝？杨某连说："过奖过奖"，这是自己孩子的作品。张某又夸了几句，便说自己也酷爱书法，想请杨某指点一二。杨某看来了同行谈得更来劲了。两人越谈越投机，感情升温。到了适当的时候，张某委婉地说，公司目前十分困难，请杨某考虑一下债务问题，杨某欣然同意。

第二天，张某得胜回朝，追到了 30 万元的欠款。

然而也不要忘记，交往中人们更渴望坦诚相见，真情以待；更希望谦恭、诚实的交往。如果不分对象、不分时机、不分尺度，在交际中总是千方百计、搜肠刮肚找出一大堆好话或赞词，就会常常事与愿违。有一位因不善交际而颇感痛苦的青年朋友诉苦道：他在与人交往时，总是竭力恭维、美言别人，谁知不少人却因此不愿与他深交，更谈不上说什么心里话，有的甚至以为他是个虚伪的人。为此他很感纳闷：为什么他竭力恭维别人，却得不到别人的理解呢？这是因为他没有把握好言语交往中虚实关系的缘故。

首先，要看恭维对象，因人而异。"到什么山，唱什么歌，见什么人，说什么话。"说话要根据交际对象的年龄、性别、职业、文化程度、社会地位和性格特征，因人而异，切不可随意恭维，尤其是新交，更要小心谨慎。比如，你对一位因身材过于肥胖而发愁的姑娘说："你的身材实在是好极了！"她一定会认为你是在取笑她而大为不悦；但如果对一个为自己的身材较好而感到自豪的姑娘说这句话，却可以使她增加对你的好感。还有不少人喜爱结交"道义相砥，过失相规"的"畏友"，他们喜欢"直言不讳"，你越指出他的不足，他越喜欢你，而你越恭维他，他却越讨厌你。同这类人交往，就应该"趋实而避虚"。不过这要在交往比较深的朋友中才能使用这种方法，避免犯"交浅而言深"的错误。

其次，要注意恭维的时机。古代兵法设计用谋，就是善于发现与捕捉事物发展变化之"机"，说话也是这样。当你发现对方有值得赞美恭维的地方，就要及时大胆地赞美恭维，千万不要错过时机。若是错过，只能南辕北辙，结果事与愿违。同时还要记住：当你的朋友发现他自己的某种不足而正想改正时，你却对他的这种不足之处大加赞赏，绝不会令你的朋友满意。"朋友有劝规过之谊"的古训，也是交际中的一个准则。

最后要掌握分寸，不要弄巧成拙。不切实际的评价其实是一种讽刺。使用过多的华丽辞藻，过度的恭维，空洞的奉承，只能使对方感到不舒服，不自在，甚至难堪、肉麻，结果令人厌恶，适得其反。违心地迎合、奉承和讨好也有损于自己的人格。假如你对一位字写得比较漂亮的朋友说："您写的字是全世界最漂亮的！"结果只能使双方难堪。但如果你换句话说："您写的字的确很漂亮！"你的朋友一定会感到高兴，说不定还会向你介绍一番他练字的经过和经验呢。

在言语交往中要注意掌握虚和实的关系，该实则实，该虚则虚，同时要注意这种"虚"应建立在理解他人、鼓励他人、满足他人的正常需要的基础上，为人际交往创造一种和谐友好的气氛，虚中有诚，发自肺腑，情真意切。适度得体的恭维会句句暖人心，句句添友情。而带着不可告人的目的曲意迎合是社交中为我们所不齿的。

在第三者面前赞美别人更能获得他人的欢心

赞美是一种学问，其中奥妙无穷，但最有效的赞美则是在第三者面前赞美别人。这种方法不仅能使对方愉悦，更具有表现出真实感的优点。

秘密在告诉别人后就不成其为秘密。然而，我们却常在许多场合，听过或者说过"我告诉你一个秘密，你可不能再告诉别人！"我们总是天真地认为对方会保守秘密，绝不会再让他人知道，殊不知隐藏不住秘密是常情，而秘密终究会传到当事者的耳朵里。

倘若传递的事件有关个人的名誉时，其影响力之大将不可比拟。令人心悸的是，如果这秘密是恶意的抨击批评，在告诉他人时，连听话的人也极有可能对你产生不安，怀疑你这种人在他处也会采取同样的行动来诽谤自己。至于传到当事者耳朵里的后果当然更不用说。

但是，如果以"我告诉你一个秘密，你可不能再告诉别人"的方式来间接表达赞美之词，是不是能获得比预期更好的效果呢？答案是肯定的。利用这种人性弱点，将称赞之词传出去，的确是恭维别人、尊重他人的良好方法。依据心理学的研究，背后的称赞比当面的赞美更能获得他人的欢心。

张某和李某毕业于同一所重点大学，同年分配到某单位秘书处任秘书。工作三年后，处里有一个升任科长的名额。张某和李某各有所长，张某的专业能力非常强，但为人有点儿清高自傲，不擅与人交往；李某的专业能力虽然不如张某，却非常擅长与人打交道，并且特别注意在各种适当的场合宣传处长的成绩。处长再三考虑后决定提拔李某。但张某心里很不平衡，因为他对李某十分了解，在上大学时，自己品学兼优，而李某却因多门考试不及格差点儿让学校勒令退学回家。可如今，无能的李某却要骑在自己头上指手画脚。张某想不通，就到局长那里越级告状。他哪里知道局长不但没有改变处长的决定，还将这件事透露给了处长。心胸狭窄的处长自然是怀恨在心，此后便处处给张某穿小鞋。

好听话谁都愿意听，表扬更是一种很让人陶醉的精神享受。聪明的你不妨大方一点儿，多赞美别人吧。人们总是期望别人对他们能够有一个高度的评价，你对他们评价越高，他们对你的评价也就越高。而且，当你要收回他们的高度评价时，为了争取让你重新给予他们高度评价，他们会做出更大的努力。横扫欧亚大陆的一代战神拿破仑，就非常精于此道。

据说，在一次防御作战时，意大利军团两个屡立战功的团队因士气不振而丢失阵地，拿破仑将这些表现动摇的士兵集合在一起，用悲伤和愤怒的声调说："你们不应轻易丢掉自己的阵地，光荣的意大利军团士兵不应是这样的品质。"说着，他命令身边的参谋长在这两个团的军旗上写一句话：他们不再属于意大利军团。士兵们羞愧难当，哭着请求拿破仑暂时不要写这句话，再给他们一次立功赎罪的机会。此后的作战中，士兵奋勇冲杀，终于保住了自己的荣誉。

人总是喜欢听好听的话，即使明知对方讲的是奉承话，心里还是免不了会沾沾自喜，这是人性的弱点。换句话说，一个人受到别人的赞美，绝不会觉得厌恶，除非对方说得太离谱了。假如有一位陌生人对你说："我的朋友经常对我说，你是位很了不起的人！"相信你感动的心情会油然而生。因为这种赞美比起一个魁梧的男人当面对你说："先生，我是你的崇拜者。"更让人舒坦，也更容易相信它的真实性。因为当你直接赞美下属时，对方极可能以为那是应酬话、恭维话，目的只在于安慰自己罢了。若是通过第三者的传达，效果便截然不同了。此时，当事者必然认为那是认真的赞美，毫无虚伪，于是真诚接受，感激不已。在深受感动之下，这位属下会更加努力工作，以报答你的"知遇"之恩。

事实上，在我们的周围，可把这种方法派上用场之处不胜枚举。例如父母希望孩子用功读书时，如果整天教训孩子，也很难说有多大效果，假如孩子从别人那里感悟到父母对自己的期望和关心，父母在自己身上花的心血，自然会产生极大的动力。

在待人处事中，当你评价下属的工作时，当然更可以使用此法。例如让下属的顶头上司说句好话，或故意在下属的妻子和朋友面前赞美他，这些方法都能收到相当好的效果。

　　试想一下，如果有人告诉你，某某人在你背后说了许多关于你的好话，你会不高兴吗？这种赞美，如果当着你的面儿说给你听，或许会适得其反，让你感到虚假，或者怀疑他是不是出于真心。为什么间接听来的便觉得特别地悦耳动听呢？那是因为你坚信对方是在真心赞美你。

成功赞美他人的诀窍是触及对方得意的事

赞美一个人不需要严肃得像做报告或写论文。赞美之词需要自然流露，需要在一定场景下有感而发，不要给人以"拍马屁"之嫌。

有一位颇具文才的作家叫霍尔·凯因。他的作品很有生命力，他出身卑微，只念了八年书就辍学找工作养家。不过，他很喜欢十四行诗和民谣，特别崇拜诗人但丁和欣赏罗塞迪的文学与艺术修养。

有一天，他一时兴起，写了一封信给罗塞迪，赞美他在艺术上的贡献。罗塞迪非常高兴，心想："如此赞美我的人，一定也是很有才华的人。"于是就请霍尔·凯因来伦敦当自己的秘书。

这是凯因一生的转折点。自就任新职后，他和当时的文学家密切往来，得到他们的支持和鼓励，再加上自己不断的努力，不久，其文学名声便远扬各地。

诚心地赞美就有这样不可名状的威力。凯因的奉承可以说是说到了点子上。

在人与人的交往中，任何人都是喜欢被人奉承的，也喜欢自己奉承自己。

任何人都不会拒绝别人真诚的奉承，包括领导。拿破仑对善于奉承的人很反感，这一点很多人都知道。有一个聪明的士兵却来到拿破仑面前说："将军，您最不喜欢听奉承话，您是真正英明的人啊！"拿破仑听后不仅没斥责他，反而十分自豪。

这位士兵对拿破仑的脾气秉性摸得很透，深知他讨厌奉承的话；但这位士兵又绝顶聪明，他准确地捕捉到了拿破仑的这一性格特点。

由此可见，奉承可以改善人与人之间的关系。实际上，世上没有人能对奉承无动于衷，只不过奉承技巧高低而已。大文豪萧伯纳曾经说过："每次有人捧我，我就头痛，因为他们捧得不够。"由此可见，高帽子人人喜欢戴，可是奉承却并非人人都会。

还比如，你见到一个四十多岁的人，就问："你三十几了？"他回答："不止，四十多了。"你赶紧说："怎么会，看上去这么年轻，顶多也只有三十几岁。"人人都希望自己看上去年轻。将人的实际年龄尽量说小一些，以赢得别人的欢心。同样的道理，为满足别人的一种虚荣心理，将他用的东西价钱夸大。比如别人穿了一件二百元的衣服，你就说："你这件衣服花了几千啊？"对方说："没有，才二百多。"你就装吃惊地说："怎么会！这么好的衣服怎么也得上千吧。"对方说："真的只有二百多。"这时你再感叹道："你真会买衣服，这么漂亮的衣服才花二百多！"如果你这样做了，相信效果肯定不错！

赞美人的方式是各种各样的，而且是千变万化的，在嬉笑怒骂间常可收到出奇的效果，从而增进与朋友间的友谊。而了解他人的心理则是赞美获得成功的前提条件。因为是否了解他人的心理，决定了你的赞美是否恰当，成效是否明显，也是衡量你赞美水平高低的标志。

赞美成功的一个诀窍是，只有谙熟了对方心理，才能辨别其优缺点，"顺藤摸瓜"，你的赞美才能准确定位，并尽可能触及其最美的那一部分。对方在欣喜之余，会视你为知己，继续向你袒露心怀，使你不断捕捉赞美的闪光点，你的赞美也才更加得体，游刃有余。如果不了解他人心理，你就不知道他有何可赞之处，更不知他需要什么。

当然，了解他人心理，不仅要抓住对方大致的心理活动，而且要于细微之处下功夫，利用细小的刺激来影响其特定情形下的心理，从而使你的赞美既巧收"润物细无声"之效，又有极强的针对性。

能言善道，把难言之隐变成"脱口秀"

　　有些话很难说出口，但又不得不说出口，而且早说比晚说效果要更好，这样就需要适时地、巧妙地去表达，把它当成"脱口秀"，顺其自然地说出来，让听者觉得舒服，也让说者逃过尴尬。

　　恭维别人，尽说一些好听的话，倒也不难。但是，在现实生活中，有时候你却不得不说一些对方不愿意听，或者于对方不利的话。

　　觉得难说出口而一拖再拖，不但会令你更加开不了口，而且，当不得不说的时候，还会被责问："为什么不早一点儿告诉我？"这么一来，你的形象在别人眼里就大大地下降了。

　　许多人都有过胆小、懦弱的时候，对于说不出口的话，总是没办法坦然地说出，因此，吃了不少亏，也给别人带来了麻烦。

　　说话的技巧是要抓住要点，适时地把内容做最有效果的传达。所以，平时说得天花乱坠，在必要关头却开不了口的人，算不上"能言善道"。

　　那么，要如何才能把一件不便说出口的事巧妙婉转地表达出来呢？

　　早做决定。"说不出来的话，更要早一点表达"，是第一要点。时机一错过，更叫你开不了口。

　　另外，直截了当地把"不，不行"向对方表白的话，会刺激到对方的情绪，造成彼此的不快。尤其是对于长辈、上级，更不能用直接的拒绝方式。这都不利于减缓对方所承受的压力。

　　如果对方是充满自信心、人格又相当优秀的人，或许对于毫不留情的反面言语会平心静气地接受。但是，这样的人实在太少了。

因此，最好的应答方式是："啊，是这样的啊！""原来如此"。先正面地接受它，然后再婉转地把自己相反的意见，以"我觉得……不知您觉得如何？"的方式表达出来。

有些时候必须委托大忙人代理一些事，这时一般人往往会说："真抱歉，这么忙的时候又打扰您……"

其实，不如提示对方一些处理方法，这样，对方承接工作的意愿就会提高些。

另外，纠正别人、斥责别人的时候，总是难以开口。如果换个讲法，就可以毫无芥蒂地开口，相信对方也能够顺从地接受。

彼得堡一个因赌场失意、欠债累累的少尉在喝得酩酊大醉时，说了一句"沙皇陛下在我的屁股底下"，被他的一个宿敌军官告到法庭。

法庭的法官经过认真的审理，确认少尉有罪，彼得堡的记者们要报道这一判决的理由，又不能重复那句侮辱皇上的话，真是费尽心思。其中一个聪明的晚报记者写的消息，被各报采用。

晚报记者这样写道："安里扬诺陆军少尉违法，军事法庭判处有期徒刑2年，因为他泄漏了一些有关沙皇陛下住处的令人不安的消息。"

赞美要有策略，
只有别出心裁才能打动人心

赞美一个人要有策略性的技巧，可以赞美他的一些"身外之物"，也可以赞美他一直不为人知却自以为得意之事。只有别出心裁，才能打动他的心。

A君是报社的编辑，长得很像一位电影明星。当他和朋友一起到酒吧时，首次见到他的女服务员都说他和电影明星长得很相像。通常，被认为与名演员相像，大都不会生气，但A君却因此而更加沉默了。

也许，女服务员在说这句半奉承、半开玩笑的话时，并无特别的含意，所以看到A君不高兴，一定感到非常奇怪。对以服务顾客为业的她们来说，我不得不说，这种赞美的方法实在很不高明。因为那位电影明星专饰冷酷反派的人物，因此别人说他们相像，虽是赞美他，却也等于指责了他的缺点。

赞美是门大学问，就像上述的例子，自认是缺点的事，反而受到夸赞，当然令他无法接受。所以，要引出对方更多的话题，必须很快看出对方希望怎么被称赞，然后再朝这一方面下手，一矢中的。也就是要满足对方。因此，在远未确定对方的喜好前，千万不要随意赞美对方，免得弄巧成拙，这是其一。

其二，如果对方满意你的赞美时，不要就此结束，应改变表达方式，再三地赞美同一点。因为仅仅一两次的赞美，会被认为是一种奉承，而重复的称赞，可信度会提高。所以，赞美对方时，一定要三思，并随时注意对方心情的变化。

赞美词是一把双刃利剑，在社交中，它能增进人际关系，也能破坏人际关系。适当的赞美，就像社交中的润滑剂，但过分的赞美，就会被对方认为你虚伪和别有用心而受到鄙视。

我们无须在对方的人品或性格上下功夫，最要紧的是对其过去的事迹、行为或身上的装饰品等，即成型的具体事物做适当的赞美。当你说"你真是位好人！"时，也许发于至诚，但在初次见面的短时间内，你又怎么知道呢？因此容易引起对方的怀疑和戒心。

如果夸赞对方的事迹或行为，情况就不同了。因为对既成事实的赞美，与交情的深浅无关，对方也较易接受。我们不必直接去赞美对方。只要做"间接的恭维"即可，于初次见面时就能收到效果。若对方是女性，那么她身上的衣服首饰，便是我们"间接恭维"的最好题材。

了解了这种"间接恭维"的效用后，与其毫无准备地去面对一位初识的人，倒不如事先准备"间接恭维"的材料。有了这种准备，对方往往会因你一句赞美词而毫无保留地打开心扉。

用"间接恭维"可以调动对方的情绪，更容易将对方带入话题。

不过，凡说恭维赞美的话一定要切合实际，到别人家里，与其乱捧一场，不如赞美房子布置得别出心裁，或欣赏壁上的一张好画，或惊叹一个盆景的精巧，你要毫无成见地欣赏别人的爱好和情趣。

主人爱狗，你应该赞美他养的一只狗；主人养了许多金鱼，你应该欣赏那些鱼的美丽。赞美别人最近的工作成绩，最心爱的宠物，最费心血的设计，比说上许多无谓而虚泛的客气话要好得多。

特别关心别人的某一种事物，必使人在欣喜之外还觉感激。士为知己者死，女为悦己者容。钟子期死后，伯牙不再鼓琴，其感恩知己至如此甚者，不外子期能懂得欣赏他的琴声并给予恰如其分的赞美而已。所以善于说话的人，每每因一句赞美的话说得适当，就为他的前途奠下了一个基础，这并非奇事。

从内心里说出的敬佩别人的话才有意思，如果对于对方不够了解，就不可盲目地恭维。不切实际的恭维很容易使人讨厌。

夸奖别人要适当

人人都需要一顶高帽，但并不是所有的高帽都是一种形式。只有既好看又不被风刮倒的高帽，才能有市场。

在现实的交往中，大凡向别人敬献谄媚之词的人总是抱着一定的投机心理，他们自信不足而自卑有余，无法通过名正言顺的方式博取对方的赏识，表现自己的能力，达到自己的目标，只好采取一种不花力气又有效果的途径——谄媚。

须知，恭维别人并不是轻而易举的事，所谓的"拍马屁""阿谀""谄媚"，都是技艺拙劣的高帽工厂加工的伪劣产品，因为它们不符合赞美和恭维的标准。

高帽尽管好，可尺寸也得合乎规格才行。滥做过重的高帽是不明智的。赞扬招致荣誉心，荣誉心产生满足感，但人们发现你言过其实时，常常因此感到受到了愚弄。所以宁可不去恭维，也不宜夸大无边。

过分粗浅的溢美之词同时会毁坏你的名声，降低你的品位。不论用传统交际的眼光看，还是用现代交际的眼光看，阿谀谄媚都是一种卑鄙的行为。正人君子鄙弃它，小人之辈也不便明火执仗应用它，即使被人号称的"拍马行家"或"马屁精"，也会对这种行为嗤之以鼻。孔老夫子有话："巧言令色，鲜矣仁。"可见，阿谀谄媚者，无仁无义、俗不可耐。

如何戴好高帽呢？

恭维话要有坦诚得体的态度，而且要说中对方的得意之事。

人总是喜欢奉承的。即使明知对方讲的是奉承话，心中还是免不了会沾沾自喜，这是人性的弱点。换句话说，一个人受到别人的夸赞，绝不会觉得厌恶，除非对方说得太离谱了。

奉承别人首要的条件，是要有一份诚挚的心及认真的态度。言词会反映一个人的心理，因而轻率的说话态度很容易被对方识破，而使对方产生不快的感觉。

恭维话不是廉价的商品，可以随时随地乱扔，因为人们对一些廉价的东西是不会放在心上的。

对于不了解的人，最好先不要深谈。要等你找出他喜欢的是哪一种赞扬，才可进一步交谈。最重要的是，不要随便恭维别人，有的人不吃这一套。

高帽就是美丽的谎言。首先要让人乐于相信和接受，就不能把傻孩子说成是天才，那样会让人感到离谱；其次是美丽高雅，不能俗不可耐、低三下四，糟蹋自己也让别人倒胃口；最后便是不可过白过滥，毫无特点。

要懂得说好话

有时一两句赞美人的话并不是要从对方那里得到些什么回报，它只是一种自然地流露，但却需要说出口，让别人去了解。因为你在世间不能成为一个孤独的行者，你需要他人的相伴。

生活中我们常常顾忌得太多，想法很好却没有执行。总想夸别人几句以表达自己的敬意，却碍于情面或担心别人有想法而只好作罢。这样的例子太多了——

下属工作出色，你对他的表现很满意，真想好好地表扬他一番。可是，你怕他听了"翘尾巴"，怕从此失去应有的威严，于是你克制住自己，只是按部就班地向他布置下一个任务……

上司确实有魄力，处理问题正确果断，而且作风正派，身先士卒，你很想在共同享用工作餐时把大家对他的好评，包括你的肯定，直接告诉给他。但是，你怕这会被他视为别有用心，怕别的同事视你在"拍马屁"，更怕这会丧失了自我尊严，于是你将话咽了回去……

在楼门口遇上了邻居全家，老少三辈，全体出动，是去附近的小饭馆聚餐。看到他们那和谐喜悦的情形，你想跟他们说几句祝福的话，可是你想到人家平时并没有跟自己家说过什么吉利话，又觉得此时此刻人家也许并不会珍视你的友好表示，于是你只是侧身让他们一家走过，然后远远地望着他们的后背……

在商场购物，你遇上了一位服务态度确实非常好的售货员。当她将你购买的商品装进漂亮的塑料袋，亲切地递到你手中时，你本想不仅说一声"谢谢"，而且再加上几句鼓励的话，可是到头来你还是没说，因为你想着"我是'上帝'，她本应如此""反正总会有别的顾客表扬她"……

在研讨会上，遇上了你长期的对手，你们的观点总是针尖麦芒般互斥。然而，这回他的发言，尽管你仍然不能苟同他的论述，可是他那认真探索的精神，自成逻辑的推演，抑扬顿挫、流畅自如的宣讲，实在令你不能不佩服他的功力。在会议休息饮茶时，你真想走过去跟他说："虽然我不能同意你的观点，可是我的的确确愿意为了维护你的表达权而做出最大的努力……"你都走到他跟前了，却又忽然觉得说这种话会招来误会，而且，你觉得这也实在并不是什么新鲜的话语，于是你开了口，没说出这样的话，却吐出了几句咄咄逼人"语带双关"的酸话……

人与人之间需要好话。非自我功利目的的好话，在这个世界上不是多了而是还很缺乏。因此你一定不要吝啬自己的赞美之词，将你的感激表达出来。

消除心头的疑虑吧！当你心头涌现了非自我功利目的、自然亲切、朴素厚实的好话时，不要犹豫，不要迟疑，不要退却，不要扭曲，要快把好话说出口！只要你确实由衷而发、充满善意、问心无愧，你就大大方方、清清楚楚地把你那好话说出来。即使遇上了"狗咬吕洞宾"的情形，你也并无所失，因为你焕发着人性善的光辉，你把好话给予别人，即使是你的亲人，那也是必要的播种。一般来说，这世上的绝大多数人，是会接受你的善意、爱意、亲合意向的种子的。这种子落在他们的心田，多半会生出根，发出芽，开出花，结出果……这世界上，即便你是那样地坚强，那样地能耐寂寞，那样地不惧怕恶言恶语，到头来，你也还是需要来自他人的好言好语……

当然，善意的批评，恨铁不成钢的讽刺，乃至于义正词严的训斥，也可以被视为广义上的好话；并且，对民族公敌，对贪官污吏，对社会渣滓，不存在着跟他们说好话的问题。至于腹藏剑而口涂蜜，巧言取利……自然不能算是真正的好话。不过这都不包括在我们所说的范畴内。但即使是日日"司空见惯"也已被柴米油盐酱醋茶消磨了浪漫的夫妻，如果在一刹那间忽有好话涌上心头，请赶快把它说出口。这不仅绝不多余，甚至会成为你们携手共度岁月的重要黏合剂！

将赞美的语言发扬光大

赞美他人要有的放矢，要敢于赞美他人，让不同的语言在同一个人的口中发挥不同的作用。

《论语》上说："人告之以过则喜。"实际上，恐怕只有孔子这样的圣贤才有如此雅量，一般情况下，普通人都不可能做到这一点。大家常说"良药苦口利于病，忠言逆耳利于行"，但我们也要适当地赞美别人的优点长处。这种赞美必须是诚心的，而不是为了阿谀逢迎而故意夸大的虚情假意。交友时，说话如果能很好地运用这一条，对于朋友间的和谐则大有裨益。所以说话时应当灵活，不妨适当说些赞美话。

或许，大家都以为恭维人乃是小人所为，大丈夫光明磊落，行正身直。事实上，我们都应该清楚一个道理，那就是枪炮或毒药可以杀死无辜的百姓，是因为它们被坏人利用了，而不是它们本身有什么不好。正如鸦片会使人丧命，是因为贩毒者利用了它，而在治疗时，鸦片则又可以成为很好的麻醉剂和镇静剂，可以用它来解除病人的痛苦。明白了这个道理，我们就应该承认，恭维作为一种说话的方式，我们有权使用，而且如果我们用得恰当，会取得意想不到的效果。

赞美话并不是随便恭维，而是要注意对象和内容。任何人都在心底有一种希望，年轻人的希望是他自己，老年人则把希望寄托在年轻人身上。年轻人当然希望自己前途无量，宏图大展，所以赞美时便须点出几条，证明他是有潜力的。而老年人自知年老力衰，一切都已成为过去，所谓"好汉不提当年勇"，他们只希望后辈人能超过自己，创出更好的前程。所以，对老年人赞美时，不妨将着眼点放到他们的晚辈人身上，并将老年人与其晚辈比较，指出后辈的长处。这样抑老扬少的做法，不但不会引起老人的反感，相反他会很高兴。

对于不同职业、不同文化程度的人，赞美也应有所区别。对待商人，如果赞美他才高八斗学富五车显然不行；而对文化人说他如何财源广进、财运亨通更是不妥；对于官员，你若说他生财有道，他定以为你是骂他贪污受贿。因此要注意区别，同时也还要注意掌握好赞美的分寸。

领导要懂得夸奖下属

员工并不是生产的工具和赚钱的机器，除了物质追求外，还需要自尊和享受，所以，给他们适度的赞扬不仅可以达到沟通的目的，还可以促使他们工作更卖力气。

一份民意测验结果表明，89%的人希望自己能得到领导的好评，只有2%的人认为领导的赞扬无所谓。当被问及为什么工作时，92%的人选择了个人发展的需要。而人的发展需要是全面的，不仅包括物质利益方面，还包括名誉、地位等精神方面，因为人们工作是为了更好地生存和发展，这就有金钱和职位等方面的愿望，但除此之外，人们更加追求个人荣誉。在单位里，大部分人都能兢兢业业地完成本职工作，每个人都非常在乎领导的评价，而领导的赞扬是下属最需要的奖赏。

在很多单位，职员或职工的工资和收入都是相对稳定的，人们不必要在这方面费很多心思。但人们都很在乎自己在领导心目中的形象问题，领导对自己的看法和一言一行都非常细心、非常敏感。领导的表扬往往很具有权威性，是确立自己在本单位或本公司同事中的价值和位置的依据。

有的领导善于给自己的下属就某方面的能力排座次，使每个人按不同的标准排列都能名列前茅，可以说是一种皆大欢喜的激励方法。比如：小张是本单位第一位博士生；小王是本单位"舞"林第一高手；小郑是单位计算机专家……人人都有个第一的头衔，人人的长处都得到肯定，整个集体几乎都是由各方面的优秀分子组成，能不说这是一个生动活泼、奋发向上的集体吗？

常言道：重赏之下必有勇夫，这是一种物质的低层次的激励下属的方法。物质激励具有很大的局限性，比如在机关或政府，奖金都不是随意发放的。下属的很多优点和长处也不适合用物质奖励。相比之下，领导的赞扬不仅不需要冒多少风险，也不需要多少本钱或代价，就能很容易地满足一个人的荣誉感和成就感，使其在精神上受到鼓励。

当你经过一个多星期的昼夜奋战，精心准备和组织了一次大型会议而累得精疲力竭时，或者经过深入虎穴取得了关于犯罪团伙的若干证据时，抑或者经过深思熟虑而想出一条解决双方纠纷的妥善办法时，你最需要什么？当然是领导的赞扬和同事的鼓励。

如果一个下属很认真地完成了一项任务或做出了一些成绩，虽然此时他表面上装得毫不在意，但心里却默默地期待着领导给自己一番嘉奖，而领导一旦没有关注，没有给予公正的赞扬，他必定会产生一种挫折感，对领导也会产生看法，"反正领导也看不见，干好干坏一个样"。这样的领导怎能调动起大家的积极性呢？

领导的赞扬是下属工作的精神动力。同样一个下属在不同的领导指挥下，工作劲头判若两人，这与领导善用还是不善用赞扬的激励方法是分不开的。

有些下属长期受领导的忽视，领导不批评他，也不表扬他，时间长了，下属心里肯定会嘀咕：领导怎么从不表扬我，是对我有偏见还是妒忌我的成就？于是同领导相处不冷不热，注意保持距离，没有什么友谊和感情可言，最终形成隔阂。

领导的赞扬不仅表明了领导对下属的肯定和赏识，还表明领导很关注下属的事情，对他的一言一行都很关心。有人受到赞美后常常高兴地对朋友讲："瞧我们的领导既关心我又赏识我，我做的那件连自己都觉得没什么了不起的事也被他大大夸奖了一番，跟着他干气儿顺。"互相都有这么好的看法，能有什么隔阂？能不团结一致，拧成一股绳把工作搞好吗？

第六章

掌握在生活中跟任何人都能聊的沟通技巧

通过倾听对方的不快，
拉近彼此的关系

如果对方能向你倾吐不快心情，并且你能对此给予安慰和解决，这种关系已非同一般，再让他帮忙办事已顺理成章。

在现实生活中，需要办的事情是各种各样的，因此可能接触的人也是各种各样的，学会聆听他们的不快心情，则亲近关系会更进一层。大家的心中都可能隐藏着烦恼或不满之情，虽然只是暂时的，只要周遭的条件一改变，这些烦恼或不满还是会卷土重来。因此，对于他人的不满或烦恼，我们务必要有以下的认识：情绪的不稳定大多发生在年轻人身上，因人而有强弱的差异，所以出现在表面上的只是极小部分，大部分都在内心自行解决了。反观我们本身的经验，就可以了解这些情形。

首先回忆一下喝酒时的情况。你是和谁一起喝酒？或许有人始终是独酌，然而大部分的人都是和能接纳彼此的人共饮。和这种朋友畅饮时，或许你会比平常更爱发牢骚，而且朋友会认真地聆听，不太会批判或提出反论。

接着，回想你邀请部属喝一杯时的情景。在把酒言欢间，你与部属谁有较多话呢？大致上都是你比部属更多话吧！而且，你谈话的内容大多为工作背后关系的说明或辩解，对部属意见的批判或说教等。

了解这些烦恼的情形，接下去就是调整对方不满与烦恼的具体策略了。

先让自己做好心理准备。其一，部属会怀着不满与烦恼是天经地义的事。其二，不要压抑不满与烦恼。领导者如果采取压抑的方式，部属则会把它们隐藏在心底，把不满表露于外。其三，解决部属的不满与烦恼，是领导者的重要工作之一。其四，及早发现与及早解决。及早发现的重点，在于领导者要注意观察部属的言行举止。许多部属不会用言语来表达，往往将意念表现于态度上。所以，注意观察部属的日常行动乃为首要之务。最后，不要只以解决了部属的不满与烦恼为目标，还要运用到工作部门的改善方面。

还要实际地聆听部属的不满与烦恼，然后汇整解决的具体方案。

首先，找个安静的，不会受第三者干扰的地点。接着，设法使对方放松心情。专挑对方有兴趣的话题来闲谈，使气氛变得轻松一点儿，或是采取亲切的谈话方式。然后，领导者就彻底做个听众。偶尔附和几声或重复对方说的话，引出对方滔滔不绝的话题。回想喝酒时友人聆听的方式，以及与部属一起喝酒时，自己的发言与部属的反应。试着不要批判、说教或提出反论。

当部属表明不满时，不要囫囵吞下他所说的话，务必要查明事实。因为部属未必能正确地道出事实，或许是看法不同罢了。确认事实后，思考解决不满的方法，然后留意以下的要点，以便能正确地实施。要反复聆听部属所说的话，尽可能诱导他本人找出解决的方法。就好比与朋友一起喝酒，一股脑儿倾诉心中的话，心情逐渐开朗，说着说着就想出解决方法一样。

能彻底地道出心中的话，烦恼与不满就已减轻了一半，所以倾诉是解决烦恼的策略之一。

在实行解决方案之前，还要仔细检讨对其他部属的影响。因为即使当事人的不满解决了，也可能引起其他部属新的不满。所以，在施行解决策略之前，要向当事人及其他关系者详细说明，并使他们理解，施行后勿忘继续追踪。

真诚地尊重他人会得到善意的回报

当你在认真地聆听别人讲话的时候，你的认真，你的全心全意，你的鼓励和赞美都会使对方感到你在尊重他，当然你也会得到善意的回报。

当谈到听别人讲话的效果时，美国著名学者查理·艾略特讲了一个真实的故事：艾略特从商店买了一套衣服，很快他就失望了，原因是衣服会掉色，把他的衬衣领子都染了。

艾略特拿着这件衣服来到商店，找到卖这件衣服的售货员，想说说事情经过，刚说两句，售货员就不耐烦地打断了他的话。

售货员声明说："我们卖了几千套这样的衣服，您是第一个找上门来抱怨衣服质量不好的人。"他的语气似乎在说：您在撒谎，您想诬赖我们，等我给您点儿厉害看看。

吵得正凶的时候，第二个售货员走了进来，说："所有深色礼服开始穿时都会褪色，一点儿办法都没有。特别是这种价钱的衣服，这种衣服是染过的。"

"我差点被气得跳起来。"艾略特先生叙述这件事时强调说："第一个售货员怀疑我是否诚实，第二个售货员说我买的是二等品。我气死了。我准备对他说：你们把这件衣服收下，随便扔到什么地方，见鬼去吧。正在这时这个部门的负责人出来了，他很内行。他的做法改变了我的情绪，使一个被激怒的顾客变成了满意的顾客。他是怎样做的？"

"首先，他一句话没讲，专心地听我把话讲完。其次，当我把话讲完，那两个售货员又开始陈述他们的观点时，他开始反驳他们，帮我说话。他不仅指出了我的衬衣领子确实是因衣服褪色而弄脏的，而且还强调说商店不应当出售使顾客不满意的商品。后来，他承认他不知道这套衣服为什么出毛病，并且直接对我说：'您想怎么处理？我一定遵照您说的办。'"

"90分钟前我还准备把这件可恶的衣服扔给他们，可现在我却回答说：'我想听听您的意见，我想知道，这套衣服以后还会不会再染脏领子，能否再想点儿什么办法。'他建议我：'再穿一星期，如果还不能使您满意，您把它拿来，我们想办法解决。请原谅，给您添了这些麻烦。'"

"我满意地离开了商店。七天后，衣服不再掉色了。我完全相信这家商店了。"

因此，在待人处事中，需要特别注意的问题，就是一定要集中精力听对方的话，少说多听，最好是做个只开口不讲话的"开心果"。在待人处事中，以下几点是尤其需要注意的：

1. 办公室恋情秘而不宣。同事之间出现恋情，这是不可避免的。对于同事告诉自己的办公室之恋，应该只抱着听听的态度，不可参与意见，以免造成误会，使老板认为你是办公室恋情的一个赞成和支持者。

2. 对于自己看不顺眼的事情，最好是一笑了之，不必与之纠缠。假如遇到一位利用男女私情博取上司欢心的同事，尽管你内心对他（她）多么不屑，也不要公开谈论。

因为即使你将之传开，也不能改变现状，反而有可能影响你的形象，非常不值。

3. 加薪幅度一定要互相保密。在商业机构中，加薪是不可能绝对公平的，每个人加薪幅度的多少，只能证明老板对员工的印象和喜爱的程度有多大，而不一定是工作能力的好坏与否。

因此，不要执着于加薪的幅度而互相询问、传播，以免自讨没趣，惹得老板不快。

4. 不要向同事诉苦。如果你有对公司不满的情绪，切不可向同事倾诉，因为他们不仅帮不上你的忙，反而有可能把事情弄得更糟，从而影响你的前途。假如有同事向你诉苦的话，你应当多加安慰，但不能表示任何意见，否则，你就容易在不知不觉中扮演一名煽动者的角色。

为了逞一时之快，图口头上的痛快而影响个人，是与成功之道背道而驰的。

然而，有些人在待人处事中，却根本不管对方是不是爱听，只管自己滔滔不绝地神侃胡吹，以为这样就能博取对方的好感，殊不知恰恰相反，反而成了社交场上谁都不愿意打交道的"讨厌鬼"。

因此，在待人处事中，一定要管住自己的嘴巴，竖起你的耳朵。

在谈话中永远不要提及他人的污点
以及个人隐私

西方有句谚语说得好：上帝之所以给人一个嘴巴，两只耳朵，就是要人多听少说。

西方一位企业界人士说过："之所以要讲究说话的技巧，是因为许多人常常不假思索就信口开河，因而导致种种不良的后果。"他还说："为了达到目的，说话时必须力求简单明了而且有说服力。但最重要的是，该说则说，不该说则不说，不了解的事就不该说，甚至突然想起的话题，也应该尽量避免向朋友提及。"

俗话说：一言可以兴邦，一言可以乱邦。所以老于世故的人，对人总是唯唯诺诺，可以不开口的，就尽可能做到三缄其口。

在现实中，正人君子有之，奸佞小人有之；既有坦途，也有暗礁。在复杂的环境中，不注意说话的内容、分寸、方式和对象，往往容易招惹是非，授人以柄，甚至祸从口出。

因此，说话小心些，为人谨慎些，使自己置身于进可攻、退可守的有利位置，牢牢地把握人生的主动权，无疑是有益的。一个毫无城府、喋喋不休的人，会显得浅薄俗气、缺乏涵养而不受欢迎。

随便说话的害处是非常多的。比如某君有不可告人的隐私，你说话时偏偏在无意中提到他的隐私，言者无心，听者有意，他会认为你是有意跟他过不去，从此对你恨之入骨；他做的事，别有用心，极力掩饰不使人知，如果被你知道了，必然对你非常不利。如果你与对方非常熟悉，绝对不能向他表明你绝不泄密，那将会自找麻烦。

唯一可行的办法，只有假装不知，若无其事。若他有小心思，你却参与其事，代为决策，帮他执行，从乐观的方面来说，你是他的亲信之士，而从悲观的方面来说，你是他的心腹之患。你虽然谨守秘密，从来不提及这件事，不料另有人识破机关，对外宣传，那么你无法逃掉泄密的嫌疑。你只有多多亲近他，表示自己并无二心，同时设法侦察泄露这个秘密的人。若对方对你并不十分信任，你却极力讨好他，为其出谋划策，假如他采用你的话，而试行的结果并不好，一定会疑心你在有意捉弄他，使他上当，即使试行结果很好，他对你也未必增加好感，认为你只是偶然发现，不能算你的功劳，所以，你在这个时候还是不说话为好。若对方获得了成功是由于采纳了你的计策，而他又是你的领导，那么他必然会怕好名声被你抢去，内心惴惴不安。你知道这一情况后，就应该到处宣扬，极力表示这是领导的计谋，是领导的远见，一点儿也不要透露你曾经出了什么力量。

你有得意的事，就该与得意的人谈；你有失意的事，应该和失意的人谈。说话时一定要掌握好时机和火候，不然的话，一定会碰一鼻子灰，不但目的达不到，而且遭冷遇、受斥责也是意料中的事。有些奸佞小人，巧妙地利用了别人在说话时机、场合上的失误，拿他人当枪使，以达到损人利己的目的。

常言道："祸从口出"，为人处世一定要把好口风，什么话能说，什么话不能说，什么话可信，什么话不可信，都要在脑子里多绕几个弯子，心里有个小九九。害人之心不可有，防人之心不可无。一旦中了小人的圈套为其利用，后悔就来不及了！

每个人都有自己的秘密，都有一些压在心里不愿为人知的事情。同事之间，哪怕感情不错，也不要随便把你的事情、你的秘密告诉对方，这是一个不容忽视的问题。

你的秘密可能是私事，也可能与公司的事有关。如果你无意之中说给了同事，很快，这些秘密就不再是秘密了。它会成为公司上下人人皆知的事。这样，对你极为不利，至少会让同事多多少少对你产生一点儿疑问，而对你的形象造成伤害。

　　还有，你的秘密，一旦告诉的是一个别有用心的人，他虽然不一定在公司立即进行传播，但在关键时刻，他会拿出你的秘密作为武器回击你，使你在竞争中失败。

　　因为一般说来，个人的秘密大多是一些不甚体面、不甚光彩甚至是有很大污点的事情。这个把柄若让人抓住，你的竞争力就会大大地削弱。

为人处事要有分寸，
谨记遵循"多说无益"的原则

　　说话是嘴巴的一项功能，长久不用必会迟钝。为人处事也要有分寸，要遵循"多说无益"的原则。

　　美国第十三任总统约翰·卡尔文·柯立芝以少言寡语出名，常被人们称作"沉默的卡尔"。艾丽斯·罗斯福·朗沃思就曾说柯立芝"看上去像从盐水里捞出来的"。

　　柯立芝却说："我认为美国人民希望有一头严肃的驴做总统，我只是顺应了民心而已。"

　　由于柯立芝总统的沉默寡言，许多人便总是以和他多说话为荣耀。

　　在一次宴会上，坐在柯立芝身旁的一位夫人千方百计想使柯立芝和她多聊聊。她说："柯立芝先生，我和别人打了个赌：我一定能从你口中引出三个以上的字眼来。"

　　"你输了！"柯立芝说道。

　　一次，一位社交界的知名女士与总统挨肩而坐，她滔滔不绝地高谈阔论，但总统依然一言不发，她只得对总统说："总统先生，您太沉默寡言了。今天，我一定得设法让您多说几句话，起码得超过两个字。"

　　柯立芝总统说："徒劳。"

　　《菜根谭》上说："文章做到极处，无有他奇，只是恰好；人品做到极处，无有他异，只是本然。"柯立芝总统很好地把握住了这一点，因此，给人留下了深刻的印象。

　　世界著名的谈话艺术家司脱·费用特曾教人谈话中应注意的主要条件，他说：

"你必须时常说话，但不必说得太多。见人随机应变，什么人便向他说什么话，少叙述故事，除了确实是贴切而简短的故事之外，总以绝对不讲为佳。与人谈话，同时也要注意态度，切不可扯住别人的衣袖，动手动脚地讲话。讲话时要注意附顺，切忌妄自尊大。在团体中谈话通常要避免争论。谈话最好勿作自我的宣传。外表应坦白而率直，内心应谨慎而仔细。谈话时要正面面向人家，以示你的诚意，不要随随便便，不要模仿他人。和人家开口赌咒，闭口发誓，是既坏又粗鄙俗劣的事。高声哄笑，是下流的口气，真实的机智和健全的理性，绝不会引人哄笑……"

应当常说话，但不要说得太多，这是什么道理呢？因为说话不是独白，假如你听别人说话像背书一样，你是不是会感到讨厌或是无法听进去呢？至于"常说话"，是为了增强别人对你的印象。随机应变，见什么人说什么话，这道理也是非常明显的，因为你必须迎合对方的心理，才能使别人对你有一个好印象。但每个人的心理需求是不同的，所以你必须随机应变。你在批评人的时候应特别注意这一项。

如果在谈话中你能遵照费用特的建议去做，生活中就会减少许多烦恼。

在某　次宴会上，某人向邻座的太太讲起了某校校长的秘密来，同时表现出对校长卑鄙行为的不满，并大大地说了一堆攻击的话。

直到后来，那位太太才问他道："先生，你认识我是谁吗？"

"还没有请教您贵姓。"他回答道。

"我正是你说的那位校长的妻子。"

这位先生窘住了，但隔了一会儿，他却凛然地问道："那么，你认识我吗？"

"不认识。"那位太太摇头作答。

"哦，还好，还好！"那人这才如释重负地说道。

这里，那个先生就犯了随便对人说话的毛病，幸亏那位太太不认识他，否则，不仅现场非常尴尬，还可能因说校长的坏话，给自己带来十分不利的影响。

善解人意的人在倾听过程中
也能获得让对方赞同的机会

静听他人说话，并不失时机地加入几句，可以让对方知无不言，言无不尽，而且自己还能获得让对方赞同自己的机会。

虽然从对方的行为态度中可以辨别出他的心意，但是看透对方的方法，最主要的还是让对方多说话，"言多必失"的另一种含义就是话多了就会暴露出他的真实想法。凡是善解人意的能手，都是借着相互间的交谈来透视对方。

有这样一位经理，他心存好意，请刘某到小吃店去喝酒，想要劝服刘某留下来，可是却没有收到效果。因为在会谈时，喝酒的目的是要使对方的心情放松，然后再引出他心中的话。可是经理一开始就在说教，自己这么严肃，叫对方如何能轻松得起来呢？而且在这种情况下，最忌讳的就是严肃的说教。

如果要听取对方的意见，应该以轻松的态度来交谈，我们可从旁引导，让对方有多开口说话的机会。对方肯说出他的意见，我们就能根据他的意见，去分析他的心意。

无论是怎样的话题，都应该让对方尽量去发挥，无论内容是否真实，我们都可引来作为判断的资料，资料越多，我们的判断就越正确。但是，这样做并不是叫你一句话也不说，只默默地去听对方说话，因为过分的沉默，会使对方不好意思继续说下去。我们的目的，在于要让对方痛痛快快地把话说出来，了解对方的心意，因此必要时，我们应把对方诱导到知无不言、言无不尽的境地。

不要使对方因为你的话而不能接着说下去。因此，我们开口发言时应多加斟酌。

每一个人都喜欢叙述有关自己的事，都想美化自己，也都想让对方相信自己的叙述；另一方面，每一个人又想探知别人的秘密，并且都想及早转告别人。这种现象，也许可以说是人的本性。"一吐为快"的心理，有时候会受到某种因素的限制，对方不敢大胆地说。遇到这种情况，我们应该想办法解除限制，这样，对方就会自动地说出心里话了，这就是所谓的"善解人意"。

偶尔听到部属结结巴巴向上司汇报事情的时候，如果上司很不耐烦地说："好了，好了！不要结结巴巴的，有什么话赶快说。"那这位上司真可以说是比封建时代的君主还要专制！

假如对方因为某种因素而说不出话时，你应该想办法去帮助他，使他很自然地说清楚才对。

真正巧妙地引导他人话题的方法，就是要了解对方说话的内容和趋向，然后从多方面协助他（就像向导一般地为他开路），使他的谈话能够流畅，最好在他做结论时，你就可以向他表示赞同。

"嗯""对！""有道理"……这类口头语，不宜多用。有时故意质问或做轻微的反驳，也可激起对方的兴趣，使他滔滔不绝地说下去。

但是，真正会说话的人，在交谈中，不仅仅要求对方能畅所欲言，同时他自己在暗中还要把持着"领导"的地位；这也就是说，他一方面表示赞同，另一方面适当地加以询问，然后把对方引导到预期的话题上来。他不会让对方发觉整个交谈过程都是由他操纵的。

有一位在新闻界很有名的记者，他的文章虽然不怎样，但是他的采访能力非常强，不管遇到什么难题，只要他去采访，对方就不由自主出真话来。据这位记者表示："这并没有什么秘诀，只要能够充分了解对方的立场，把握好提问的方法，并配合自己的精力和耐力，再难的对手，我也不怕。"有一次，他这样说："老实说，我只是站在伴奏者的立场来演出，只要伴奏得法，不善于唱歌的人也能唱得很好。"

善于听话的人就是这样，总是在有意无意中把对方诱导到自己喜欢的话题上来。

沟通中的巧妙提问更容易收获对方的好感

想要成为令人赏识的对象吗？想要成为领导的亲信吗？想要走出一条成功之路而不招致更多挫折吗？你只要做到——能管住自己的嘴巴，不乱说；能"洗净"自己的耳朵，会恭听就行了。

当人们想把自己的意见表达出来用以争取别人的认同时，往往会犯一个大毛病，那就是——说话太多，尤其是推销员最容易犯这种毛病。

所以有时你不妨试试这种办法，就是由自己提出问题，让对方畅所欲言。他对自己的问题，必然比你更清楚。所以你应主动先问别人问题，他一定会回答出一些你不知道的答案。

如果你不同意对方的观点，也不要忙着立刻打断他的话，这样做很冒险。因为当对方仍有意见尚未表达完整时，绝不会注意你在说什么。所以最好维持良好的风度，耐心地仔细聆听，并且要鼓励对方充分表达他的意见。

有位在报社任职多年的小记者，后来成了一家大企业的公关主任，薪水上升了几倍。认识这位记者的人都知道，他不但身材矮小、嘴巴迟钝而且更没有任何耀眼的学历。这样的人何以在数十个应聘者中脱颖而出呢？

原来他在接到面试通知时，立刻去图书馆资料室，查到了这家企业创办人的生平背景。

从背景资料中他发现这位企业负责人，早年进过牢狱，那些不足为外人道的事，这位记者都暗记在心。同时他知道这个大老板在出狱后，从一个路边的水果零售店起家，后来涉足建筑业，最后办成了现在的大企业。

这位记者在面谈时，故意装糊涂地说："我很希望在这样组织健全的大企业服务，听说您当年是只身下海闯天下，由一个小小的水果摊开始，到今日领导万人以上的企业，那是真的吗？"

那个大老板有段不堪回首的牢狱生涯，所以从不愿提起过去。不料这个记者能避开那面，直接把出狱后的创业和他南下闯天下连起来。这样他就能名正言顺地说起他的成功史，而且毫无愧色，甚至说得超过面谈时间，大老板还说得意犹未尽。

最奇怪的是，原本面谈应该是应聘的说，负责人听。具有讽刺意味的是，这位记者几乎不用说任何与将来有关的计划，甚至连自己那毫不傲人的学历也不用提到，只要当听众就行了。

听完大老板志得意满的一段话后，这位记者就换了工作，获得了人人称美的地位。他用的方法和其他应聘者不同，他会花时间去研究怎样能让大老板多讲话的方法。从这个例子我们可以看到，鼓励别人多讲话，是交谈的一个绝招。

假如谈话的对方，不能自然地打开话匣子。你可用各种关键语，使对方的舌头润滑一点儿，这就是"打开交谈之扉"的秘诀。

每个人在找到体贴而值得信赖的听众时，都会想自我夸耀一番。即使是想和外人商量时，也只是希望获得安慰、鼓励、忠告，或突然想起某件事情。这时，你只要以一些轻微的身体语言，像皱皱眉、露出惊愕的表情，或发出叹息，便可得到他的信赖，开始把心中的话一股脑地倾诉出来。

你先确认谈话的主题，然后选择适当的钥匙，慢慢地插入锁孔，轻转一下，就可轻易地打开言语之前。成为关键的钥匙，不外乎是下面这些话："要不要帮忙？"

"是怎么回事？说给我听听。"

"我们好好谈一谈。"

"我想我能为你效劳。"

如此，善加引导对方步入自己铺设好的轨道，启开对方的话匣子。

什么叫具有领导才能，亲近下属的人？说白了，就是能让对方多讲话的人。

善于利用对自己有利的误会获得意外的收获

被别人误会原本是坏事，但有时也未尝不是好事，如果别人能给你自抬身价，你只需要应下就行，也许别人的误会会成为你成功的阶梯。

聪明人总能吃到天上掉的馅饼，善于利用一些误会，自己不去捅破，甚至还要推波助澜。下面讲个故事：一位女士并没有亲自去求人，只因为一场误会，各种好处不求自来，她便坐享其成。如果你在求人不成，上天无路，入地无门之际，碰上别人为你送人情，也要留个心眼。

那是很久以前的事了。毕小姐在某地环卫所工作五六年了，以前交了几个男朋友，都嫌她工作环境太差而告吹。如今，毕小姐一跃而成了大龄姑娘，亲人们都为她着急起来。半年前，姑妈又为她介绍了一个对象，小伙子长得挺帅，而且并没有嫌弃她的工作。两人进入热恋之中，商讨怎样办婚事。小伙子的单位不能解决房子，要他自己想办法，而毕小姐父母又都是寻常百姓，要去排队等分房子，不知是猴年马月的事。后来决定还是先领结婚证书，排队等房子，一旦有了房子，马上举行婚礼。

毕小姐到派出所去开证明，领结婚证书时，刚好所长值班，就一边开证明，一边与毕小姐话家常。看到毕小姐姓毕，所长问道："你这姓很少啊！"毕小姐无心闲扯，答道："是啊。"所长接着说："县长也姓毕，那你和他是亲戚了。"毕小姐又未置可否，因为她没有心思与他闲扯，只等所长开完证明她就要走。所长进一步推理说："县长没有女儿，那你一定是他的侄女了。恭喜你，毕小姐。"所长十分利落地把证明开完，又热情地把毕小姐送了出去。

经所长之口，县长侄女结婚的消息，在县城很快传播开来。

毕小姐回到单位，领导马上找她，说："你是毕县长的侄女，为什么不早说？现在的年轻人像你这样的实在很少，不错，不错。"接着又说："考虑到你一贯工作认真、负责，我决定调你到局里办公室，调令不久就会下来，好好干吧，毕小姐，前途无量啊！"

没有多久，房管局的副局长亲自找到毕小姐，说："对不起，毕小姐，我们的工作实在太忙，要房子的太多，所以没有及早替你办理好。我们讨论、研究了很久，现在没有很好的房子，只有江边新建的一套二室一厅的房子，你看合意的话……这是房子的钥匙。毕县长那里还望毕小姐以后多多美言几句。"说罢起身告辞。

毕小姐真是喜出望外，最难解决的房子问题已经解决了，工作也调动了，真是双喜临门。看来，县长的面子可真大！

有了房子，毕小姐的婚事如期举行，参加的人很多。除了亲戚，还有各局室、各部门的负责人，他们拿着礼品早早地来了。因为他们想：县长的侄女结婚，县长肯定会参加。自然，礼品就相当丰厚了。毕小姐的婚礼在这县城中算办得风风光光。

可惜的是，毕县长自始至终没有露面……

并不是所有的人都有毕小姐那样的机会。但有时，一味求人却不如设法抬高门槛，让他人求己痛快。

无多言，无多事，多言多败，多事多害

沉默是金，是无声中的有声，是上帝赐予纷繁尘世上的福音。

善装糊涂，善于掩饰自己，不让他人觉得你深不可测，从而集中心思与力量来对付你。这便是"沉默是金"的道理。

孔子观于后稷之庙，有三座金铸的人像，多次闭口不说话，就在它的背上铭刻了几句名言："古之慎言人也，戒之哉！无多言，无多事。多言多败，多事多害。"

孔子铭刻"无多言，无多事"，就是劝诫人们：为人宁可保持沉默寡言的态度，不骄不躁，宁可显得笨拙一些，也绝对不可以自作聪明，喜形于色，溢于言表。

《法华经》曰："言多语失。"说话应谨慎，舍弃那些不可说的话，而只说应说的话。

吕莲和尚在给其信徒的一封信中写道："祸从口出而使人身败名裂，福自心出而使人添色增光。"它的意思是：有时说话的人并无恶意，但对听者而言，却可能伤及他的自尊心。所以劝诫人们，说话应谨慎，只说该说的话。

说话得体，则让人高兴；反之，只会让人伤心。就是同一个意思的话，出自两个人之口，听起来也有区别。你自己信口开河，根本意识不到会伤害人，但别人却认为你是有意的，如俗话所说"口乃心之门"，你明显是故意伤害他。

不爱多说话的人，他内心并不是糊涂得无话可说，而是他明白话说多了鲜有不坏事的道理。

司马迁作为一代伟大的历史学家，在《史记》中这样评价汉代名将李广："《论语》上说过位居于上的人行为端正，不发命令，下属也会效法他的行为去做；位居于上的人行为不端正，即使下了命令，也不会有人遵照去做。这说的就是李广将军这类人。我见过李广将军，他诚信忠厚，简直像个乡下人，不擅谈吐。可是当他逝世的时候，天下无论是认识或不认识他的人，都因为他的死而哀痛不已。这是他忠诚笃实的品质取得了人们对他的信赖的缘故！"喜欢说上几句，不管知道多少，都喜欢滔滔不绝地表达自己的观点，爱下结论，爱指点别人，这些语言行为都有过分张扬之憾，于明哲保身不利。聪明人应引以为鉴。

子曰："君子欲讷于言而敏于行。"有道德学问之人，说话谨慎，工作勤勉，这句话强调了实际行动的重要，为人处世应少说话多做事。

日常生活中，一个人光说不做，或只会说话不能付诸行动，久而久之，只会让人生厌。俗话说："言多必失。"多说话比起多做事往往给人以夸夸其谈的印象，倒不如少说话，踏踏实实地多做实事则让人感觉勤奋踏实，值得信任。一个人只有做行动上的巨人，少言多思，才能取得成就。

另外，人处在不同的状态下，讲话的心情不同，话的内容也会不同。心情愉快的时候，看事看人也许比较符合自己的心思，故而赞誉之言可能会多；有时心情不愉快，讲起话来不免会愤世嫉俗，讲出许多过头的话，招来很多麻烦。

所以古人说："治理中显露的，是人众的小事；治理中默然无声的，是圣人的表现；存心于私利的，是小人的追求；存心于远大的，是圣人的事业。"

言谈的灾祸，主要表现在以下几个方面：一是对国事、政事的滥发议论，所以在以前的茶馆及旅店门上挂有"莫谈国事"的牌匾；二是对身边的人和事评头论足，正是这种不考虑后果的高谈阔论，惹怒了上司和同事，从而埋下了灾祸的导火线；三是在众人之中搬弄是非，像长舌妇一样，今天道东家长，明天说西家短，这种缺少修养的言谈，只会埋下祸根。说话能把握分寸，说得恰到好处，是一种修养、一种水平，既不能喋喋不休，口若悬河，又不能该说话时却沉默寡言。可见，言谈能反映出一个人为人处世的涵养，要把握好分寸和态势。

言多者必有所误，所误必有所失。为人处世，不可言多，道理自在。

沉默，从表面上看好像显得愚钝木讷，其实不然；沉默是一种修行，能为自己镀上一个保护层。

第七章

会沟通的人，不会想说什么就说什么

对明显荒谬的要求，
拒绝要表现得坚定明确

没有孙悟空的能耐，就不要幻想着大闹天宫，降妖捉怪。有时好想法并不代表有好结果，当他人的请求你办不到时就不要逞能。要做到有所为有所不为，万不可勉为其难活受罪。

一般来说，拒绝别人的要求也的确是件不容易的事。日本有所"说话技巧大学"的教授说："央求人固然是一件难事，而当别人央求你，你又不得不拒绝的时候，亦是让人头痛万分的。因为每一个人都有自尊心，希望得到别人的重视，同时我们也不希望别人不愉快，因而，也就难以说出拒绝之话了。"

如果你不是神经极度错乱的话，就不会有这种困难。因为当你仔细斟酌之后，知道答应对方的要求将会给自己带来伤害，肯定不会为了面子上过得去，而去干违心的事。

有些请求有明显的荒谬性，但即使这样的请求，拒绝的形式也要力求婉转。拒绝的意向要表示得坚定明确，不要让对方抱有丝毫不切实际的希望。

每个学期期末考试前当老师的人，都如同过关一样难熬，原因是很多学生以各种借口或方式来打听考题，希望老师高抬贵手。

但这是原则问题，是绝对不能答应的。千万不能说"我们商量一下再说"或"到时候看看再说"之类模棱两可的话。每逢遇到这种情况，富有经验的老师总是这么说："我也当过学生，当学生的怕考试，古今中外莫不如此。因此，同学们的心情我完全可以理解。但是，十分抱歉，同学们的要求我是绝对不能答应的。

如果在复习中有什么疑难问题，我倒是十分乐意和同学们一起研究解决。"这样做，最后并不会损害师生之间的情谊。相反，如果拉不下脸面而在考试前"放风"，很可能费力不讨好。

人是需要有点儿风度的，即使你是在拒绝别人。拒绝人的时候，应该努力以一种平静而庄重的神情讲话。因为在一般情况下，对于一个客气的拒绝，人们是不能非议的。

一个自己不喜欢的人请你去酒店吃饭，而你又极不愿意去。这时，如果直截了当地回绝对方："我才不和你这样的人一起出去吃饭呢！"就会令对方下不了台，也许对方请你吃饭并无恶意，相反，尽管心里一百二十个不愿意，仍然笑容满面、彬彬有礼地说："我很感谢你的盛情。不过，十分抱歉，前天有几位老同学已经约好了，所以今天我就没有福气享受你的美意了。"

由于你笑容满面，礼貌待人，再加上提出了一个对方无法反驳的理由，对方也就相信你真的是无法和他一起吃饭了，也就只好作罢。而且由于你拒绝的时候先感谢了他，维护了对方的自尊心，对方也就不会责怪你了。

如果你想避免生硬的拒绝，可以提出一个相反的建议，但要提得合情合理。假如你的一位同事想把本来应该由他自己完成的任务转嫁到你的头上，也许你会出自本能地答道："哎呀，你的事我可干不来。"

这就不太好了，此时你不妨这样对他说："我很愿意帮你的忙，但实在不凑巧，我手头上自己那份工作还没干完。依我看，就你的能力和素质，你是完全可以胜任的，你不妨先干起来。

或许我能帮你干点儿别的什么？譬如说我今天要上街买东西，能顺便给你带点儿什么吗？"

这样，既有拒绝，又有一个相反建议，对方还能有什么好说的呢？

通常情况下，在拒绝别人的问题上还有一个误解：就是必须说明理由。

实际上在很多场合下是不必说明理由的，而且理由要说起来也不一定能说清楚，或很可能被对方反驳，那就可能节外生枝、事与愿违了。

没有勇气说"不"，你就会活得很被动。因此，当你不愿意时，就要勇敢地说"不"！不过，说"不"也是需要技巧的。如果技巧不好，很容易就会弄坏彼此的关系。要尽量委婉、平和，说明你要说"不"的原因。此外，还可把自己塑造成有原则的人，那么一些无谓的要求、拜托就不会降临到你身上。当然，一切还是要先看你"愿不愿意"。

忌谈隐私和尴尬之事，
不伤害对方自尊影响双方感情

与人交谈时，忌谈他人的隐私和对方的尴尬之事，否则会影响谈话效果，损害人际关系。如果遵循了这些"礼貌原则"，不随意触及对方的"情感禁区"，则会使谈话顺利地进行下去。

寒暄客套的话谁都能说，但并不是谁都会说，一不小心，也许你就踏进了言语的"雷区"，触到了对方的隐私和短处，犯了对方的忌讳，对听话者造成一定的伤害。其实，每个人都有所长，亦有所短，待人处事的成功，一个很重要的因素就是善于发现对方身上的优点，夸奖对方的长处，而不要抓住别人的隐私、痛处和缺点大做文章。

"揭短"，有时是故意的，那是互相敌视的双方用来作为攻击对方的武器。"揭短"，有时又是无意的，那是因为某种原因一不小心犯了对方的忌讳。有心也好，无意也罢，在待人处事中揭人之短都会伤害对方的自尊，轻则影响双方的感情，重则导致友谊的破裂。

明太祖朱元璋出身贫寒，做了皇帝后自然少不了有昔日的穷哥们儿到京城找他。这些人满以为朱元璋会念在昔日的情分上，给他们封个一官半职，谁知朱元璋最忌讳别人揭他的老底，以为那样会有损自己的威信，因此对来访者大都拒而不见。

有位朱元璋儿时一块长大的好友，千里迢迢从老家凤阳赶到南京，几经周折总算进了皇宫。一见面，这位老兄便当着文武百官大叫大嚷起来："哎呀，朱老四，你当了皇帝可真威风呀！还认得我吗？当年咱俩可是一块儿光着屁股玩大的，你干了坏事总是让我替你挨打。记得有一次咱俩一块偷豆子吃，背着大人用破瓦罐煮。豆还没煮熟你就先抢起来，结果把瓦罐都打烂了，豆子撒了一地。你吃得太急，豆子卡在嗓子眼儿还是我帮你弄出来的。怎么，不记得啦！"

这位老兄还在那喋喋不休唠叨个没完，宝座上的朱元璋再也坐不住了，心想此人太不知趣，居然当着文武百官的面儿揭我的短处，让我这个当皇帝的脸往哪儿搁。盛怒之下，朱元璋下令把这个穷哥们儿杀了。这就是令他人脸上挂不住的下场。

那么，怎样才能做到不"揭人之短"呢？

通晓对方，做到既了解对方的长处，也了解对方的不足，这样才能在交际中做到"知彼知己，百战不殆"。因为每个人都会有自己的个性和习惯，有自己的需求和忌讳，如果你对交际对象的优缺点一无所知，那么交际起来，就会"盲人骑瞎马"，难免踏进"雷区"，触犯对方的隐私。

要善于择善弃恶。要多夸别人的长处，尽量回避对方的缺点和错误。"好汉愿提当年勇"，又有谁人愿意提及自己不光彩的一页呢？特别是如果有人拿这些不光彩问题来做文章，就等于在伤口上撒盐，无论谁都是不能忍受的。

指出对方的缺点和不足时，要顾及场合，别伤对方的面子。

巧给对方留面子。有时候，对方的缺点和错误无法回避，必须直接面对，这时就要采取委婉含蓄的说法，淡化矛盾，以免发生冲突。

此外，许多情况下，经常有人是"常有理不见得会说话"，自己占理却总是说不到点子上。所以说要想把话说到别人的心坎儿上，除了不揭人之短之外，还要特别注意"避人所忌"。

俗话说得好："打人不打脸，揭人不揭短。"要想与他人友好相处，就要尽量体谅他人，维护他人的自尊，避开言语"雷区"，千万不要揭人之短！

做人做事不能锋芒毕露，
以免祸起萧墙惹火烧身

想在他人面前显示自己的聪明时，应该以不使他人感到过分为标准，绝对不能锋芒毕露，让他人感到难堪或受到威胁，更不可"聪明反被聪明误"！

记得古人曾经说过："过分聪明、过分强悍的大将反而是灭家亡国之人。"从交际中的语言角度来看，这也是待人处世中的成功箴言。

南宋时期的秦桧，可以说得上是一个奸诈的无耻之徒。一个下属为了讨好上司，送给秦桧一张名贵的地毯。秦桧把这张地毯往屋里一铺，不大不小，恰好合适。秦桧由此想到，这个人太精明了，他连我屋子的大小都已测出来了，还有什么事情能瞒得了他呢？惯于在背后算计人的秦桧，怎么可能容忍别人对自己的心思掌握得如此透彻呢？因此，有了这个想法后，那个"聪明"下属的命运也就可想而知了。就连秦桧这样的奸诈之人，尚且不愿意下属聪明过度，更不用说其他人了。

所以说，下属与上司打交道最忌讳的一点就是，下属在上司面前卖弄自己的聪明。虽然说任何一个上司都希望自己的下属既聪明能干又对自己绝对忠诚，但聪明的下属要注意：一定要把握好这个度，既不能愚笨木讷，更不可聪明过头。如果你以为千方百计显示自己的才华，便能够博得上司的好感，那就大错特错了。因为你适当地显示自己的才干，一点儿错也没有，岂不知任何事如果做过了头，往往会走到其反面。如果你"聪明"过度，上司就会觉得在你面前什么事都瞒不住，就会疏远你。试想一下，世上之人哪个没点儿个人隐私？别说高高在上的上司了，就是普通人又有谁愿意把自己的内心世界让别人完全看透，没有一点儿遮掩？

一般的人都有过这样的体验：刀刃钝的刀子再怎么用力也切不下去，这是无法改变的事实；而刀刃锋利的刀子虽然很好切，但一不小心反而容易切伤自己，非得小心不可。

推此及彼，在待人处事中最好也不要锋芒毕露，以免祸起萧墙，惹火烧身。例如，你对公司的内情十分了解，当那些弄不清楚真相的人在谈论这件事的时候，其中有些人是想借机探听消息的，而你却毫无戒心，把自己所知道的内情一五一十地全说了出去。结果，本来对这件事并不十分了解的人，反而从你嘴里得到了情报。如果你恰好碰到的是别有用心的人，他再跑到上司面前去搬弄是非，让上司以为是你在随便散播小道消息，结果本来是对自己很有利的情报，反而成为自己的绊脚石，这可真是得不偿失。

看到这里，你肯定会说："这个道理不用说，我早就知道了！"但是，你是否真的能时时刻刻地记住这个原则，并且随时谨记在心呢？恐怕不尽然。

比如通常情况下，每个公司都会有能力高与能力一般的人，而主管总是喜欢把工作交代给能力比较高的人，认为能力高的人一定能够不负所托地完成任务。但是，这一类人却多半容易骄傲自满，一有了骄矜之心就容易锋芒毕露，锋芒太露的人反而容易遭人嫉妒。所以，在待人处世中，聪明的人一定懂得明哲保身之道，不随便展现自己全部的实力，让人了解自己有多少战斗力。

那么，你是否感到自己在某方面的才华锋芒毕露？别忘了宝刀不可随便出鞘的道理。因为在决斗一开始的时候，你就先亮出自己的传家宝刀，让对方一眼就看穿了你，这一场决斗你就输定了。这时，宝刀一定要在最后关头方可出鞘，这样你才有反败为胜的机会。任何时候都不可让对方从一开始就追着你打，到最后你只能弃城投降一条路。对方越是不知道你的实力，越是不敢掉以轻心。

在沟通过程中要注意分寸，
避免恶语殃及无辜

适当的提问能迎四方宾朋，能引众人思考，能让人产生相见恨晚的感觉。不适当的问话则会得罪大众，破坏氛围。

在与人交往的过程中，为避免恶语伤人，殃及无辜，要注意问话的技巧，只有恰当的提问，才能达到顺利沟通的目的，使交谈的局势和结果对自己有利。即使初次见面的人也不例外。有的人问话一出，便立即打开了对方的话匣子，双方相见恨晚，成了好朋友；有的人问话一出，却使对方无言以对，使场面变得很尴尬，双方只得以说"再见"收场。

一些领导到某地开会，当地习惯早餐是馒头、稀饭，再加每人一个鸡蛋。这天早晨，一个领导剥开鸡蛋，是坏的，就跟服务生说："给我换一个，这个鸡蛋坏了。"

不一会儿，服务生就回来了，可是忘了想换鸡蛋的是哪个人。就高声喊了起来："谁的蛋坏了？"

众领导沉默不语。服务生又喊了一句："谁的蛋坏了？"

还是没人答应。

这时，餐厅主任过来对服务员说："你这小姑娘真没礼貌，应该这样问：'哪位领导的蛋坏了？'"忽然，餐厅主任觉得这话不对劲，赶紧又改口又高声喊了一句："哪位领导是坏蛋？"

这个故事中的服务小姐和餐厅主任都没有注意问话的分寸，结果闹出了笑话。

可见，发问也是一种说话艺术，对"拉近"双方的距离起着很重要的作用。

一家饭店招聘服务员，有两位年轻人来应聘。

第一位应聘者这样招呼光临的顾客："您好，您吃鸡蛋吗？"

顾客摆了摆手，似乎答不出来，对话就此结束了。

第二位应聘者这样招呼光临的顾客："您好，请问您吃一个鸡蛋还是两个鸡蛋？"

顾客笑着回答："一个鸡蛋。"

可见，第二位应聘者的说话策略相当成功。他在这里运用的是限制性提问。这类提问有两个特点：

一是在提问中便限制了对方可能做出的回答，有意识、有目的地把对方的思路引向提问者所希望的答案上。

二是这类提问能使对方从中感受到提问者的诚意，在心里有融洽、亲切之感，觉得盛情难却，不好意思拒绝，即使原来想拒绝，也会不由自主地改变主意，顺着问话人的意思做出答复。

这类提问一般只适用于预期目的十分明确的情况下。在对情况不是很了解又无明确目的的时候，提问的范围宜大不宜小，宜活不宜死，必须给对方的回答留有自由选择的余地。例如：

如果你在办公室上班，别人用完了扫描仪忘了关掉，你可以很随便地问一句："请问您现在还用扫描仪吗？"

这样就比直接说"扫描仪用完之后为什么不及时关掉"好得多。

不管怎么说，问话一定要把握尺度，在某些情况下要把握问话的技巧，不能乱开"金口"，否则会伤人无数。

拿别人开涮，需要有一颗玲珑心

和别人开玩笑不可信口开河，要思量一番。当摸到"逆鳞"时，要给其以台阶，使其顺势而下。

纪晓岚中进士后，当了侍读学士，陪伴乾隆皇帝读书。

一天，纪晓岚起得很早，进宫后等了很久，还不见皇上到来，他就对同来侍读的人开玩笑说："老头儿怎么还不来？"

话音刚落，只见乾隆已到了跟前。因为他今天没有带随从人员，又是穿着便服，所以没有引起大家的注意。皇上听见了纪晓岚的话，很不高兴，就大声质问："'老头儿'三字作何解释？"

旁边的人见此情景都吓出一身冷汗。纪晓岚却从容不迫地跪在地上说："万寿无疆叫作'老'，顶天立地叫作'头'，父天母地叫作'儿'。"

乾隆听了这个恭维自己的解释，就转怒为喜，不再追究了。

在不协调和欠协调交际中，成功地运用自己的机智和口才，随机应变，可以化解矛盾，帮助交际者走出困境。纪晓岚正是成功地运用曲意直解，将对乾隆有不尊敬性质的"老头儿"三字，巧释为"万寿无疆""顶天立地""父天母地"。这样不但化险为夷，而且还变辱为恭。

在生活中也难免会遇到类似纪晓岚的尴尬，自然也需要适当的方法予以弥补。

王科长下午要主持一个大型的企划会议，需要准备一些资料，于是就把这件事交给小陈去办。由于小陈处理这类事很有经验，没多久就把资料交给科长了。

王科长翻阅着资料并慎重地问："这件事上面的人很重视，资料内的数字，你是不是都详细校对过？"

不料小陈却好像满不在乎地嬉笑着说："大概不会错吧？"小陈的话说完，就见王科长把资料重重地往桌上一丢，并怒气冲冲地说："你是在干什么？怎么可以说'大概'呢？"

小陈觉得有些委屈，心想："开个玩笑也不行呀？"

明明是一句玩笑话，对方却信以为真，结果就造成说者不快、听者生气的后果。

为避免这种情况出现，一方面注意不要以对方用心思考、重视的事开玩笑，另一方面不要和个性耿直的人开玩笑，因为他们常把玩笑当真。

小陈的事例就是这样一种情形。王科长命令小陈替他准备资料，是以一种一丝不苟的心情对待，而小陈却嬉皮笑脸，毫不在乎。所以，王科长会动气发怒。

由于焦躁不安、过度疲劳、精神过于紧张等因素，也会使一个正常人的精神或肉体陷入紧绷状态，而听不下任何玩笑话。所以不要在对方有心事、没有心情的情况下开玩笑。

另外，对有强烈自卑感和被害者意识的人，也是开不得玩笑的。

如此一来，或许你会怀疑：玩笑话是说不得了吗？其实也不尽然。一般而言，玩笑话太多具有使工作场所变得活泼、化解呆板气氛的功用。问题只在于我们是否能看准当时对方的心情罢了。

那么，开了不适宜的玩笑以后，该怎么弥补呢？比如上面小陈的例子，既然上级已经生气了，如果他也默不作声，更容易造成对方的误解。

在情况的势头不对时，小陈应该把语气一转，用严肃和充满自信的口气说："科长您放心，这些资料绝不会有问题的。"

科长可能会问："那么，你刚才为什么说'大概'呢？"

"对不起，不过，请检查这些资料看看，一定不会有错的！"小陈说话时除了语气要有自信外，还要面带微笑，听了小陈的补充说明和看到他的态度后，王科长的心情和语气应该会缓和下来。

沟通中要讲究"忌口"，禁忌话题不要谈太多

在交际场上口若悬河、滔滔不绝，这固然是不少人所向往的。但是，假若口无遮拦，说漏了嘴，说错了话，也是很难补救的，所以说话应讲究"忌口"。否则，若因言语不慎而让别人下不了台，或把事情搞糟，是不礼貌的，也是不明智的。

热衷于打听别人隐私的人是令人讨厌的。在西方人的应酬中，"探问女士的年龄"被看成是最不礼貌的习惯之一，所以西方人在日常应酬中可以对女士毫无顾忌地大加赞赏，却不去过问对方的年龄。

人们似乎都有一大爱好，那就是特别注意他人的隐私，而且尤以注意名人的隐私为最。那些街头小报一旦出现了一篇有关某某名人的隐私，如"某某离婚揭秘""某某情变内幕"之类，就容易被哄抢一空。

在与人交往中，为了避免引起别人的不快，一定要避免探问对方的隐私。在你打算向对方提出某个问题的时候，最好是先在脑中过一遍，看这个问题是否会涉及对方的个人隐私，如果涉及了，要尽可能地避免，这样对方不仅会乐于接受你，还会为你在应酬中得体的问话与轻松的交谈而对你留下好印象，为继续交往打下了良好的基础。

有人喜欢当众谈及对方隐私、错处。心理学研究表明：谁都不愿把自己的错处或隐私在公众面前"曝光"，一旦被人曝光，就会感到难堪和恼怒。因此在交往中，如果不是为了某种特殊需要，一般应尽量避免接触这些敏感区，以免使对方当众出丑。必要时可采用委婉的话暗示你已知道他的错处或隐私，让他感到有压力而不得不改正。知趣的、会权衡的人只需"点到即止"，他们一般是会顾全自己的脸面而悄悄收场的。当面揭短，让对方出了丑，说不定会让对方恼羞成怒，

或者干脆耍赖，出现很难堪的局面。至于一些纯属隐私、非原则性的错处，最好的办法是装聋作哑，千万别去追究。

在交际场上，人们常会碰到这类情况，讲了一句外行话，念错了一个字，搞错了一个人的名字，被人抢白了两句等等。这种情况，对方本已十分尴尬，生怕更多的人知道。你如果作为知情者，一般说来，只要这种失误无关大局，就不必大加张扬，故意搞得人人皆知，更不要抱着幸灾乐祸的态度，以为"这下可抓住你的笑柄啦"，来个小题大做，拿人家的失误来做取乐的笑料。因为这样做不仅对事情的成功无益，而且由于伤害了对方的自尊心，你将结下怨敌。同时，也有损于你自己的"光辉"形象，人们会认为你是个刻薄饶舌的人，会对你反感、有戒心，因而敬而远之，所以，不要故意渲染他人的失误。

在社交中，有时遇到一些竞争性的文体活动，比如下棋、乒乓球赛等。尽管只是一些娱乐性活动，但人的竞争心理总是希望成为胜利者。一些"棋迷""球迷"就更是如此。有经验的社交者，在自己取胜把握比较大的情况下，往往并不会把对方搞得太惨，而是适当地给对方留点儿面子，让他也胜一两局。尤其在对方是老人、长辈的情况下，你若穷追不舍，让他狼狈不堪，有时还可能引起意想不到的后果，让你无法收场。其实，只要不是正式比赛，作为交流感情、增进友谊的文体活动，又何必酿成不愉快的局面呢？在其他的事情上也一样，集体活动中，你固然多才多艺，但也要给别人一点表现自己的机会；你即使足智多谋，也不妨再征求一下别人的意见。"一言堂""独风流"是不利于社交的。此时，要给对方留点儿余地。

在交往中，我们有时结识了新朋友，即使你对他有一定好感，但毕竟是初交，缺乏更深切的本能性的了解，你不宜过早与对方讲深交、讨好的话，包括不要轻易为对方出主意。因为这很可能会导致"出力不讨好"的结果。因为对方若实行你的主意，却行不通，好友尚可不计，但其他人则可能以为你在捉弄他，即使行之有效，他也不一定为几句话而感激你。除非是好友，否则不宜说深交的话。

有些事情，对方认为不能做，而你认为应该做；或者对于某事，你是箭在弦上，不得不发，而他却又认为不该做，或做不了。这时你就不要把自己的意见强加于他。强人所难，是不礼貌、不明智的。有的人说话时旁若无人、滔滔不绝，不看别人脸色，不看时机场合，只管满足自己的表现欲，这是修养差的表现。说话应注意对方的反应，不断调整自己的情绪和讲话内容，使谈话更有意思，更为融洽。强人所难和不见机行事都是应当避免的。

你必须注意，即使是一个很好的题材，说时也要适可而止，不可拖得太长，否则会令人疲倦。说完一个话题之后，若不能引起对方发言，或必须仍由你支撑局面，就要另找新鲜题材，只有如此，才能把对方的兴趣维持下去。在谈话当中，对方的发言机会虽为你所操纵着，但你必须时常找机会诱导对方说话。比如说到某一环节时可征求他对该问题的看法，或在某种情形时请他介绍自己的经验等，务必使对方不致呆听，才不失为一个善于说话的人。话题转了两三次，而对方仍无将发言机会接过去的意思，或没有做主动发言的表示时，你应该设法把这个谈话结束。即使你精神还好，也应让别人休息休息了。自己包办了大半的发言机会，是不得已时才偶尔为之的方法，若以为别人爱听自己的话，或不管别人是否感兴趣，只顾自己随意说下去，那就有失说话的滴水不漏了。

在任何地方和场合，针对任何话题，我们都要做到尽量少说话，不要口无遮拦。

言语出错，要及时承认错误并积极进行弥补

自己言语出错，不要妄想他人来替你弥补，积极地承认错误并进行弥补，才能解决危机。

作为空姐，朱小姐常常接受严格的语言训练。尽管这样，她有时还是不免失言。

那次在航线上，她和往常一样本着顾客至上的服务精神，热情地询问一对年轻的外籍夫妇，是否需要为他们的幼儿预备点儿早餐。那位男顾客出人意料地用中国话答道："不用了，孩子吃的是人奶。"

没有仔细听这位先生的后半句话，为进一步表示诚意，朱小姐毫不犹豫地说："那么，如果您孩子需要用餐，请随时通知我好了。"

那位男顾客先是一愣，随即大笑起来。朱小姐这才如梦初醒，羞红了脸，为自己的失言窘得不知如何是好。

"人有失足，马有漏蹄。"在人们的交际过程中，无论凡人名人，都免不了发生言语失误。虽然其中原因有别，但它造成的后果却是相似的，或贻笑大方，或纠纷四起，有时甚至不堪收拾。

那么，能不能采取一定的补救措施或者矫正之术，去避免言语失误带来的难堪局面呢？回答是肯定的。

如遇失言之时，就不应强撑，而应当及时改口。历史上和现实中有许多能说会道的名人，在失言时仍死守自己的城堡，因而惨败的情形不乏其例。比如1976年10月6日，在美国福特总统和卡特共同参加的、为总统选举而举办的第二次辩论会上，福特在回答《纽约日报》记者马克思·佛朗肯关于波兰问题的提问时出现失误。

福特如果当时明智，就应该承认自己失言并偃旗息鼓，然而他觉得身为一国

总统，面对着全国的电视观众认输，绝非善策，于是继续坚持，一错再错，结果为那次即将成功的选举付出了沉重的代价。刊登这次电视辩论会的所有专栏、社论都纷纷对福特的失策做了报导，他们惊问："他是真正的傻瓜呢？还是像只驴子一样的顽固不化？"

卡特也乘机把这个问题再三提出，闹得天翻地覆。

高明的辩论家在被对方击中要害时绝不强词夺理，他们或点头微笑，或轻轻鼓掌。如此一来，观众或听众就弄不清葫芦里藏的什么药。有人会认为这是他们服从真理的良好风范，有人会以为这是他们不屑于辩解的豁达胸怀。而究竟他们认输与否尚是个未知的谜。这样的辩论家即使要说也能说得很巧，他们会向对方笑道："你讲得好极了！"

相比之下，里根就表现得高明许多。

一次，美国总统里根访问巴西，由于旅途疲乏年岁又大，在欢迎宴会上，他脱口说道："女士们，先生们！今天，我为能访问玻利维亚而感到非常高兴。"

有人低声提醒他说溜了嘴，里根忙改口道："很抱歉，我们不久前访问过玻利维亚。"

尽管他并未去过。但当那些不明就里的人还来不及反应时，他的口误已经淹没在后来滔滔的大论之中了。这种将说错的地点时间加以掩饰的方法，在一定程度上避免了当面丢丑，不失为补救的有效手段。只是，这里需要的是发现及时、改口巧妙的语言技巧，否则要想化解难堪也是困难的。

在实践中，遇到这种情况，可以把错话移植到他人头上。如说："这是某些人的观点，我认为正确的说法应该是……"这就把自己已出口的某句错误纠正过来了。对方虽有某种感觉，但是无法认定是你说错了。

也可以迅速将错误言词引开，避免在错中纠缠。就是接着那句话之后说："然而正确说法应是……"或者说："我刚才那句话还应作如下补充……"。这样就可将错话抹掉。

当意识到自己讲了错话时，干脆重复肯定，将错就错，然后巧妙地改变错话的含义，将明显的错误变成正确的说法。

在沟通中要重视对人的尊重和说话的礼貌

尊重他人是交谈中必不可少的，我们要时刻重视对人的尊重和说话的礼貌，不要在话语中透着高人一等、聪明过人的姿态和模样。

抗战胜利后，张大千要从上海返回四川老家，行前好友为他设宴饯行，并特邀梅兰芳等人作陪。宴会开始，大家请张大千坐首座。张大千风趣地说：

"梅先生是君子，应坐首座；我是小人，应陪末座。"

梅兰芳和众人听了都不解其意。于是张大千解释说："不是有句话讲'君子动口，小人动手'吗？梅先生唱戏是动口，我作画是动手，我理该请梅先生坐首座。"

满堂来宾听后为之大笑，并请两个人并排坐了首座。张大千自称为"小人"，好似自贬，实则"醉翁之意不在酒"，是对梅先生尊重的表示。它表现了张大千的豁达胸怀和谦虚美德，又制造了宽松和谐的交谈氛围。看来尊重对方在人际交往中是非常必要的，如果做不到这一点，就容易使彼此的关系陷入僵局。

一位知名的企业家，有一次代表公司与另一家公司洽谈合作业务，但他却在约定的时间过了以后才来，一见面就一本正经地向对方说："我忙得不得了，我们长话短说，一会儿我还有事。"

事实上，这句话说得大错特错，因为这是公司与公司洽谈业务，不是个人往来，是一种商业上的正式公关活动，不管公司规模大小，也不管知名度高低，就其地位来说，都是平等的。

这位企业家的言行举止无疑是在向对方暗示："我是大企业的老板、大忙人，自然地位也高于你，我能来已经是给你面子了。"

他这种狂妄自大的心态，毫无保留地表现在言语上，不但语气令人听了不舒服，用词也不当，像那些"不得了""只能""很少""一点儿"等等"自大型"的形容词，全都是为了炫耀自己，贬低别人，从根本上就犯了人际往来的大忌。

因此，此话一出口，对方公司代表人心里自然不是滋味。结果人家送上门来的一笔几十万元的生意，就此告吹。

俗话说："骄傲是失败的种子。"这个故事告诉我们：对人的尊重和说话的礼貌，是任何一个想成功的人都不能掉以轻心的。

不仅在生意场上应该相互尊重，朋友之间，甚至夫妻之间，都不能忽视相互尊重的问题。

无论你采取什么方式指出别人的错误：一个蔑视的眼神，一种不满的腔调，一个不耐烦的手势，都有可能带来难堪的后果。你以为他会同意你所指出的吗？绝对不会！因为你否定了他的智慧和判断力，打击了他的荣耀和自尊心，同时还伤害了他的感情。他非但不会改变自己的看法，还要进行反击，这时，你即使搬出所有柏拉图或康德的逻辑也无济于事。

永远不要说这样的话："看着吧！你会知道谁是谁非的。"这等于说："我会使你改变看法，我比你更聪明。"——这实际上是一种挑战，在你还没有开始证明对方的错误之前，他已经准备迎战了。为什么要给自己增加困难呢？

苏格拉底一再告诫他的门徒："我只知道一件事，就是我一无所知。"

准确的沟通能够避免出力不讨好

言语中常会引起别人的误解，此时就应反省一下为何会出现这种情况，是否停顿不当，省略过多，还是方言过频，一定要避免这种词不达意的情况出现。

年轻小伙子阿伟打算为新交的女友小兰买一件生日礼物。他们交往时间不长，小伙子经过仔细考虑，认为送一副手套最恰当不过了，既浪漫，又不显得过分亲呢。

下午，阿伟去百货商店给女友买了一副白色的手套，让女友的妹妹小丽带给她姐姐。小丽给自己买了一条内裤。回家的路上，小丽把两件物品弄颠倒了，结果送给小兰的礼物变成了内裤。

当晚，阿伟一回到家里就接到了小兰的电话："你为什么买这样的礼物送我？"

没有听出来对方的怒气，阿伟的情绪很高，他说起话来空前流利，根本容不得小兰插嘴："小兰，我之所以选了这件礼物，是因为据我留心观察，你晚上和我出门时总是不用它，我没有给你买长的，因为我注意到，小丽用的是短的，很容易脱下来。它的色调非常浅，不过，卖它的女士让我看她用的同样的东西，她说已经三个星期没洗了，但一点儿都不脏。我还让她当场试了试你的，它看上去好看极了……"

"神经病！"

等待对方夸奖的阿伟猛然听到这三个字，当时就懵了，愣在那里根本说不出话来……

为什么恋爱的双方会造成误会？粗心的小丽固然有一定的责任，但是当事人双方交谈不明确恐怕是主要原因。在电话中，双方都以为自己话中的"礼物"非常明确，所以，都没有说出来，结果闹出了笑话。

社会是由形形色色的人所聚集成的，每个人的立场不同，工作性质也不一样。在这众人聚集的工作场所里，总会发生一些意想不到的误解，甚至是摸不着头绪的纠纷。

当遭人误解时，做工作就会显得困难重重，幸福的生活也会失去和谐，不但是自己的损失，还会影响到大局，甚至团体的利益。

有的人不管是在表达信息，或者说明某些事情时，常常在言词上有所缺失，结果弄得只有自己明白，别人一点儿也搞不清真相，这种人就是缺乏"让对方明白"的意识，以致容易招来对方的误解。

有的人不管什么事，都顾虑过多，从不发表意见。因此，个人的存在感相当薄弱，变成容易受人误会的对象。

这样的人总希望对方不必听太多说明就能明白，缺乏积极表达自己意见的魄力。对于这种类型的人而言，含蓄并不是美德，这一点要深刻反省。

有一种人头脑聪明，任何事都能办得妥当，但是却经常自以为是，我行我素。即使着手一件新工作，也从不和别人照会一声，只管自作主张地干。这么一来，即使自己把工作圆满完成，上级及周围的人也不会表示欢迎。

入乡要学会随俗，方言让你"到处是老乡"

要在中国这块神圣土地上畅通无阻，不会几种方言恐怕是不成的。唯一能避免出错的"权宜之计"便只有多说普通话了。

有人说，到了中国才真正了解到语言的多变和丰富多彩，同样一个中文词语却能演绎出"七十二变"的神通。所以令许多文人墨客流连忘返，大呼过瘾。但这么多方言却在交际中遇到了麻烦。

中国幅员辽阔，各地的方言不同，往往同样一句话，意义却完全相反，你以为侮辱，他以为尊敬，你以为尊敬，他以为侮辱，所以古人才有"入乡随俗"的主张。

从前有个浙江人，到北方去做官，他的妻子也是南方人。有一天，太太教女仆洗衣服，她说："洗好后，出去晾晾。"晾晾的字音，南方人读做浪浪，浪浪在北方是不好听的词。女仆听了，当然觉得奇怪。太太询问原因后出口笑骂道："堂客！"堂客在江苏、浙江一带，是骂人的词，女仆听了，急着说："太太，不敢当"！太太又问其所以，才知道原来在湖北等省，"堂客"是尊敬女人的意思。

这是一个笑话，却可证明方言意义的不同。比方你称呼人家的小男孩，叫他小弟弟，总不算错吧？但是在太仓人听来，认为你是骂他；比方你对老年男子，叫他老先生，总算不错吧？但是在江苏嘉定人听来，当你是侮辱他。你在安徽，称朋友的母亲，叫老太婆是尊敬她；但是你在江浙地方，称朋友的母亲为老太婆，那简直是骂她了。各地的风俗不同，说话上的忌讳各异。你与人交际，必须留心对方的避讳话。一不留心，脱口而出，最易令人不快。

虽然对方知道你不懂他的忌讳，情有可原，但你总是近乎失礼，至少是你犯了对方的忌讳，在友谊上是不会增进的。比方你对江浙人骂一声混账，还不是十分严重，但你如果骂北方女子一声，那就会被认为是奇耻大辱，非与你讨个说法不可。从前有一位小学教师，为了一些小争执，骂学生的母亲混账，不料这位女家长，是一个北方人，因此向学校当局大兴问罪之师，要那位教师举出她混账事实来。原来"混账"二字，在北方是女子偷汉的意思，这种解说使问题显得严重了，学校当局虽一再道歉，声明误会，对方还是不肯罢休，只好请出他人劝解，才算了事。这近乎笑话的故事，更足以证明方言上的忌讳是必须特别留心的。

留心对方忌讳，在交际上原是小事，在彼此交谊上却有极大影响，你在社会上做人，冤家越少越好，因为说话不懂忌讳而多招空心冤家，那更是不值得了。

第八章
善于沟通的人，会谨慎使用语言

告别沟通中那些令人生厌的说话方式

在生活中，我们常会遇见这样几种人：有的人与人谈话时总是不停地讲话；在很安静的地方，有的人常常不管不顾，大声喧哗，常常引人侧目；有的人说话常常东一句西一句，让听得人听不出个所以然；有的人不是声音小听不清，就是一边做别的一边说话，漫不经心，让你深感不被尊重；有的人说话的口吻冷漠；有的人一开口就高高在上……

相信大家一定有这样的共识——这些说话的方式都让人心生不快！

这些谈话方式从某种角度讲是对自己的放纵，这种人无视于听者的叹息、迷惘、不满，如果长期不加注意，就会让人对他敬而远之。

同事小王为人很正直，也爱帮助别人，但每次他和别人说话时都喜欢说："就你？不是我说你……"弄得每个人都以为自己犯了什么错误，虽然他也帮了别人不少忙，可朋友却没有几个，因为没有几个人能接受他那种近乎鄙视的说话方式。

俗话说的"不在于说什么，而在于你怎么说"，就形象地说明了说话方式的重要性。说话方式妥当，坏话有可能变成好话；反之，好话也让人觉得不"好听"，还可能会破坏人际关系。

最常见的一个事例，小张新做了一个项目并取得了不错的成绩，大家都为他高兴，小张很高兴，觉得有人能与他分享这个快乐而欣慰，而同事小李却因想着别的事，只是口气淡漠地说："恭喜了！"小张听着有些不舒服，觉得小李像是在冷嘲热讽。于是，误会就产生了。

我们从中不难看出说话方式在与人沟通中的作用。学会用讨人喜欢的方式说话，是一件既容易又很不容易的事。说容易，是因为我们每个人都会说话，都知道说话要做到讨人喜欢；说不容易，是因为把握别人的心理很难，而且绝大多数时候说话是即时的，容不得你仔细考虑。难怪著名的成功学家林道安说："一个人不会说话，那是因为他不知道对方需要听什么样的话。假如你能像一个侦察兵一样看透对方的心理活动，你就知道说话的力量有多么巨大了！"所以不管是谁，都应该学会避免一些令人生厌的说话方式。那么，哪些说话方式令人生厌呢？有人做了调查，得出了下面的结论：

1. 声音太小

你说话声音小，听不清楚你在说什么，所以听者不得不常常问："什么？""请再说一遍？"生怕漏听了什么重要的话。这对听者是一大困扰。另外，你说话声音小会让人感觉你很没自信，或者是对自己要说的话没有信心。这样一来，别人也就很难对你产生信心。

而另一种情况是，别人觉得你没有真心诚意想传达看法，或者你高高在上，故意让别人侧耳倾听以显示你的地位。古代的皇帝再怎么小声说话，身边的臣子都会竖起耳朵仔细听，不敢遗漏半句。但是你又不是皇帝，怎么可以像皇帝般让对方像臣子般竖耳倾听？对方若感觉你如此小声说话是一种自大的态度，一定会对你很反感。

2. 不分场合地大声喧哗

说话大声之所以令人讨厌，最大的理由是影响到周围的人，尤其是在比较安静的场合，大声说话会让人觉得你本人没有修养。另外，你若是说话大声，则你们两人说话的大致内容就会被周围人知道，这有时会让对方难堪。因此，对方很可能以后都不敢对你说私密的事情了。

综合上面两条，请特别注意，我们说话时的音量应该随着周围环境的不同而适当调节。

3. 说话或快或慢

与人沟通，说话的速度不宜太快，也不宜太慢，说话太快使听者不易听清，而且自己也容易疲倦。有些人以为说话快些可以节省时间，其实不然，你说话太快，有时会让对方一时反应不过来，很难领会你的意思，不能确切把握说话内容。说话很快的人大都是反应很灵敏、资讯量也很丰富的人。这本来是好事，但说话快易变成喋喋不休，让听者有压力，或觉得不舒服，因而引起反感。

当然，说话太慢也是不妥的，一方面浪费了别人宝贵的时间，另一方面会使听者感觉不耐烦，甚至觉得你效率太低。

所以，在说话的时候要留心观察对方的表情，细心谨慎，据此来掌握说话的速度。

4. 说话无精打采、冷漠

说话无精打采，给人最大的感觉就是对对方不尊重。如果你有以下的习惯，请务必要注意了。说话语言组织性不强，很涣散，想到哪说到哪；语气懒洋洋的，对别人的话没仔细想就顺口说出来，语调有气无力，从嘴里吐出来的话常常含糊不清，让别人听起来很辛苦；对别人的心情毫无察觉，不能分享对方的心情……

这种无精打采的方式会让沟通的效果大打折扣，有时还会影响人与人之间的感情。

5. 只顾讲自己的话

在演讲或做报告时，在限定的时间内，当事者可以一个人说话。但是，有些人和别人对话时，却忘记对话的基本原则，只顾自己说话，把对话当成自己发表意见的场合。这种说话方式也令人生厌。对话是一来一往的，必须给对方说话的机会才行。

6. 不听对方说话

当对方话说到一半时，你若突然说起其他话题，就表示你刚才没听对方说话。若常常出现这样的情况，对方一定没什么兴致再和你说话。因为他觉得你根本不想听他说话。

说话的内容固然重要，但说话的方式对结果影响更大。然而，大家常常忽略这个问题。有些人对说话的内容很下功夫，对说话的方式却不太在意。以上列举六种令人生厌的说话方式，请你对照一下，看看自己是否也犯了其中的毛病。

别让人类与生俱来的"忌讳"意识
阻碍你的沟通

古往今来，忌讳一直是人类特有的一种意识。

所谓忌讳，在人们眼里，历来名目繁多，因人而异，在沟通中的讳言通常是我们所说的讳言。比如，开车的人忌言"翻"，送礼的人不说送"钟"，正在得意的人忌说到失意之事……

"忌讳"由来已久，传说五代时的"不倒翁"冯道在弄权之余，也做些教化育人的事。他给学生上课，让大家诵读老子《道德经》。冯道在台上摇头晃脑地读："道可道，非常道。"台下的小家伙刚刚学会避讳的道理，可真犯了难：先生名"道"，字"可道"，这《道德经》"道"也太多了，该怎么念呀！唯唯喏喏不敢开口。先生被逼急了，学生便将先生的名和字换成"不敢说"，齐声念道："不敢说，可不敢说，非常不敢说。"

这件小事在我们看来，不禁会笑古人的迂腐，学生要避先生的讳，臣子要避皇上的讳，就连那个芝麻粒大的官田登，也"只准自己放火，不准百姓点灯"。好笑归好笑，可这正提醒我们，在与人沟通时不得不对对方的忌讳引起重视。每个人都有自己不愿听到的话和不愿被提及的事情。当我们与他人交往时，如果没有顾及这方面的问题，就会产生不必要的麻烦。

小王的性格非常随和，公司里的员工还没有哪一个人和她发生过不愉快的事情，大家也都喜欢她的性格，羡慕她家庭幸福。可最近这几天，她工作时老是出错，而且每当有人提到有关家庭和睦、事业成功的话题时，小王都表现出很不耐烦的情绪，有时甚至生气地斥责他们或干脆拂袖而去，弄得大家丈二和尚摸不着头脑，办公室里的气氛也变得非常紧张。

后来有人打听到，小王的家里出了事，她丈夫有外遇，和她离了婚，老母一急瘫痪在床，上小学的女儿也不好好学习。难怪她一天到晚情绪低落、愁眉不展。

所以，在同事间原本引以为自豪的话题现在就成了她不想听到的话，甚至成了她的忌讳。触犯别人的忌讳，有时是故意的，那是互相敌视的双方用来作为攻击对方的武器。但大多的时候又是无意的，那是因为某种原因一不小心犯了对方的忌讳。有心也好，无意也罢，在待人处事中揭人之短都会伤害对方的自尊，轻则影响双方的感情，重则导致友谊的破裂。我们不是对方肚里的虫，不能完全明白对方在想什么，但却应该努力去避免让对方忌讳的事。这就要求我们做到以下两点：

第一，必须了解对方。了解对方的长处，也了解对方的不足。这样才能在沟通中做到"知己知彼，百战不殆"。因为每个人都会有自己的个性和习惯，有自己的需求和忌讳，如果你对沟通对象的优缺点一无所知，那么沟通起来难免踏进雷区，触犯对方的隐私。

第二，要善于扬善弃恶。在为人处世中要多夸别人的长处，尽量回避对方的缺点和错误。又有谁愿意提及自己不光彩的一页呢？特别是有人拿这些不光彩的问题来做文章，就等于在人家伤口上撒盐，无论谁都是不能忍受的。

所以，与人相处时，要尽量避免发生这样的事情，即便是为了对方或为了大局而必须指出对方的缺点、错误时，也要讲究正确的方法、策略，否则不仅达不到本来的目的，还可能会惹下麻烦。

一般情况下，下面这些话题是多数人不喜欢提及的，应该格外注意的：

不要询问对方工资收入、财产状况、个人履历、服饰价格等私人生活方面的问题。很多人很忌讳这类提问，认为这是对自己的不尊重，侵害自己的隐私权，是一种极为失礼的行为，同时还会认为提问者缺乏教养。

谈话时，应避开疾病、死亡、灾祸以及其他不愉快的话题，以免影响情绪和气氛。在已患重病的人面前应避重就轻，忌谈"死"字。在遭遇不幸的人面前避免谈及相同的事情，不要撕裂那已经受伤的心灵，要给人以平静的抚慰。登船后不说"翻"字，以求讨个口彩，图个吉祥，皆大欢喜。

谈话时，一旦对方表示不愿回答你所提的问题时，就不要再继续追问，并赶快换个话题，如果已经引起对方的反感就要立即道歉。

忌询问女性年龄、是否结婚。现代职业女性对年龄和婚姻十分敏感，认为这些是个人的隐私，他人不得涉及。称呼女性时，切莫轻易用"太太"一词，这会引起未婚女士的不快。有职衔称职衔，或给对方介绍的机会，伺机行事。

同较胖的女性谈话时，勿谈减肥之类的话题。除非她主动谈到，也要赞她体形适中。在此问题上说个"善意的谎言"，以免伤害她的自尊心。

与人说话如同走路，必须注意不能踩进陷阱。不然，伤害了别人的自尊，引起争端纠纷，自己的脸上也不会增光添彩。所以，在人际交往中，必须首先记住这一条：不揭人之短，给对方面子。必须学会设身处地想一下，别由着自己的性子和习惯，这样才能和和气气，皆大欢喜。

插话有技巧，
不要因为打断别人谈话得罪人

在社交场合中，看到别人都在兴致勃勃地交谈，有时候我们也非常想说上几句，这里就涉及如何插话的问题了。假如一个人正在津津有味地谈论着一件事，听众们兴高采烈，而这时你突然插上去一句："那个事情我知道，而且我有一次还……"被你打断话的那个人肯定不会对你有好感的，其他的人大概也不会对你有好感。

俗话说："听人讲话，务必有始有终。"但是能做到这一点的人却不多。有些人往往因为疑惑对方所讲的内容，便脱口而出："这话不太好吧！"或因不满意对方的意见而提出自己的见解，甚至当对方有些停顿时，抢着说："你要说的是不是这样……"由于你的插话很可能打断了他的思路，往下要讲些什么他反而忘了。

当别人正谈得尽兴的时候，你千万不要轻易打断别人的谈话，这是一种礼貌，也是一种基本素质。否则，会被视为没礼貌的行为。

因此，请记住：

不要用不相关的话题打断别人的谈话；

不要用毫无意义的评论扰乱别人的谈话；

不要抢着替别人说话；

不要急于帮助别人讲完故事；

不要为争论一些鸡毛蒜皮的小事而打断别人的正题。

但有时候想要让说话人停止说话或自己真有话要说，就需要把握好插话的艺术，用巧妙的方式来打断别人的话头。

1. 利用意外声音

比如，有人说话的时间明显地拖得太长，或他的话不再吸引人，甚至令人昏昏欲睡了，或他的话越来越令人不快，已经引起大家的厌恶。这时，你要是打断他的话，大家反而认为你是做了一件仁慈的事情。

有一本介绍如何接待大批来访者的书，书中介绍了一种技法就是利用断续意外的响声打断思路这一常识来制止这样的人。

来访者人多事杂时，为了保证每个人都有时间自由地发表意见，就有必要阻止那些在无形中夺去他人交谈机会的喜欢显示口才的人。

因意外的声音而造成一时的失措，这种现象从心理学角度来看是很自然的。因为听到断断续续、意外的声音，人的思维就会分散。可以说这也是一种防护性的反射性反应，就像小动物听到一点儿小响声就竖起双耳警惕地环视四周一样。

注意力的分散，往往会造成思路的中断。比如，你在音乐茶座边饮边聊天时，服务员把你要的咖啡送来摆放饮具时发出的声音，令满座人都停止了交谈，出现了一时冷场的局面。

比如，在会议接待的准备阶段，就要注意到那种总想自我表现一番而滔滔不绝的人，将他安排到接待者邻座上。他说话时视线难以与接待者相遇，无形中给他一种被主持人冷落的感觉，讲话兴头自然会少些。一旦他开始了表演，卖弄口舌，接待者就会有意把一块硬币扔到地板上。听到硬币碰到地面时的声音，就连再自以为是的巧言善辩者也会一时失措，不得不把话头停下。

2. 移花接木插话法

在会议中发言较多的人，会被认为有能力。若能抓住对方话中的要旨，将其转换成自己的意见，不慌不忙地发言，无疑可将对方变为和自己同步调的人。当有人滔滔不绝地发言，而整个会议都快成为他的个人专题演讲时，采取何种对策好呢？"我有一点意见想说"，此话太唐突；"我有异议"，太富挑战性；"移到下个议案吧"，又很容易被看穿。

既要使对方舒服，又要夺取发言权，你不如说："从您的话引出的感想……"这种移花接木的方法是最好的了。用"您的话使我想到"开头，接着便提出完全不同的话题，即使话题向着另一个方向展开，对方也毫无办法。

这种办法对上司也相当有效，比如："正如部长经常提到的'在社外建立联络网'，以此为基准，想到了对交际费的考察……"承认你的提案是由部长的话引发出来的，即使和部长的话毫无关系，也会使部长认为"总有某种关联性吧"，因而乐于聆听你的提案。

3. 安慰式插话

当对方在同你谈某事，因担心你可能对此不感兴趣，显露出犹豫、为难的神情时，你可以伺机说一两句安慰的话：

"你能谈谈那件事吗？我不十分了解。"

"请你继续说。"

"我对此也是十分有兴趣的。"

此时你说的话是为了表明一个意图：我很愿意听你的叙说，不论你说得怎样，说的是什么。这样能消除对方的犹豫，坚定他倾诉的信心。

4. 疏导式插话

当对方由于心烦、愤怒等原因，在叙述中不能控制自己的感情时，你可用一两句话来疏导他：

"你一定感到气愤。"

"你似乎有些心烦。"

"你心里很难受吗？"

说这些话后，对方可能会发泄一番，或哭或骂都不足为奇。因为说这些话的目的就是把对方心中郁结的一股异常情感"诱导"出来，当对方发泄一番后，会感到轻松、解脱，从而能够从容地完成对问题的叙述。

值得注意的是，说这些话时不要陷入盲目安慰的误区。你不应对他人的话做出判断、评价，说一些诸如"你是对的""你不应该这样"之类的话。你的责任不过是顺应对方的情绪，为他架设一条"输导管"，而不应该"火上加油"，强化他的抑郁情绪。

5. 综述性插话

当对方在叙述时急切地想让你理解他所讲的内容时，你可以用一两句话来"综述"对方话中的含义：

"你是说……"

"你的意见是……"

"你想说的是这个意思吧……"

这样的综述既能及时地验证你对对方所讲的内容的理解程度，加深印象，又能让对方感到你的诚意，并能帮助你随时纠正理解中的偏差。

留心我们的周围，争论几乎无所不在，一场电影、一部小说能引起争论，一个特殊事件、某个社会问题能引起争论，甚至某人的发型与装饰也能引起争论。每个人都会遇到不同于自己的人，大至思想、观念、为人行事之道，小至对某人、某事的看法与评判，这些程度不同的差异可能会转化成人与人之间的争执与辩论，任何独立的、有主见的人都应正视这个问题。

争论往往留给我们的印象是不愉快的，因为争论的目标指向很明确，每一方都以对方为"敌"，试图用自己的观念强加于别人。

比方说，由于最近发生的某个社会问题而引起两者间的争论，最后，虽然你用某种事实或理论来证明你的意见是正确的，并通过争论的手段达到了胜利的目的，让对方哑口无言，但你却万万不可忽略了这一点，他不一定就会放弃他的想法来信奉你的主张，因为他在心里所感觉到的已经不是对与错的问题，而是对你驳倒他而怀恨在心，因为你让他的颜面扫地了。

所以，当我们对某一问题和他人有不同看法，即使是分歧非常大时，也不要争论，而只需心平气和地进行讨论，这样更有助于问题的解决。

我们要表现出自己的善意，让讨论也和谈话一样。那种怒气冲冲的争论，一方激烈地攻击另一方，同时拼命地维护自己的说话方式，是谈吐的大忌。

切记：争论会使人分离，而讨论能使人们结合在一起。争论是野蛮的，而讨论却是文明的。

基于上述理由，当一场唇枪舌剑的争论到来之前，你必须首先冷静地考虑一番，弄清楚以下问题：

（1）这次争论的意义是什么？如果是一些根本就很不相关的小事情，我们还是避免争论为妙。

（2）这次争论的欲望是基于理智，还是情感上（虚荣心或是表现欲）的？如果是后者，则不必再继续争论下去了。

（3）对方对自己是否有很深的成见？如果是的话，自己这样做岂不是雪上加霜？

（4）自己在这次争论当中究竟可以得到什么？究竟又可以证明自己什么？

遇到问题之前我们都这样仔细地考虑，那么，争论就不容易发生了。但是，有时争论不是一个人的问题，即便我们不打算跟对方争论，而他们却非要和我们争论，我们又该如何避免呢？方法如下：

1. 别随便反对不同的意见

如果有人说了一句你认为不对的话，由于事情需要不得不更正他，那么，不妨这样说："是这样的！我倒另有一种想法，但也许不对。我们来看看问题所在吧。"

绝不可直接指出对方的不对，否则一场争辩将不可避免。无论什么场合，没有人会反对你说："我也许不对。我们来看看问题所在吧！"

富兰克林曾经是个喜争好辩、毛躁的年轻人，有一天，一位长者对他的做派实在看不下去了，就把他叫到一旁，教训了一顿："你真是无可救药。你已经打击了每一位和你意见不同的人。你的意见变得太珍贵了，使得没有人承受得起。你的朋友发觉，如果你不在场，他们会自在得多。

你知道得太多了，没有人能再教你什么；没有人打算告诉你些什么，因为那样会吃力不讨好，又弄得不愉快。因此你不可能再吸收新知识了，但你的旧知识又很有限。"

富兰克林接受了这个教训，从此立下了一条规矩：决不正面反对别人的意见，也不准自己太武断。富兰克林将这个好习惯坚持了几十年，结果，他成了美国历史上最能干、最和善、最圆滑的外交家。

2. 根据对方的原则进行判断

价值观的差异，正是诱发争论的主要原因。你赞成的，正好是我反对的，那就得争上一番。

可是，如果我们仅按自己的价值观来考虑问题，这个世界将变得扭曲起来。比如，《水浒传》中的那些好汉都不是好汉，因为他们只敢反贪官，不敢反皇帝；《红楼梦》中的爱情都不是爱情，因为那些公子小姐只敢在梦中想，不敢有实际行动……

我们只有在不同人的不同价值观上考虑问题，这个世界的人和事才会变得正常起来。

有人问和平运动者马丁·路德·金为何如此崇拜美国当时官阶最高的黑人军官丹尼尔·詹姆士将军，他回答说，"我判断别人是根据他们的原则来判断，不是根据我自己的原则。"

同样的，在美国南北战争期间，有一次，总统询问一位将军对另一位军官印象如何。这位将军用极为赞誉的语气做了评价。在场的其他人大为惊讶："你知道吗？那位军官可是你的死敌呀！他一有机会就会恶毒地攻击你。"

"是的，"这位将军回答说，"但是总统问的是我对他的看法，不是问他对我的看法。"

总之，我们不能因为别人跟我们的价值观不一样就认为他是错的，有此认识，就不会时时想到要论出一个是非曲直——世上很多事情并无是非，根本没有分辨是非的必要。

3. 把争论看成多让或少让一点步的问题

争论应该不是一个谁胜利谁失败的问题，而是一个谁多让一点儿谁少让一点儿的问题，只有这样，才会营造出双赢的结果，而不是两败俱伤。

有一次，林肯总统告诫一位和同事发生激烈争吵的青年军官说："任何决心想有所作为的人，决不肯在私人争执上耗费时间。在跟别人正误参半的问题上，你要多让一点儿步，如果你确实是对的，就少让一点步。总之，不能失去自制。与其跟狗争道，被它咬一口，不如让它先走。就算宰了它，也治不好你的咬伤。"

关键是怎么样让步，让步到哪一种程度才不至于难堪，让你觉得双方都可以接受。比方说，你要求上司给你加工资，而且要求做比原来更少的事，肯定是不现实。如果你要求加薪并愿意承担更多的责任，上司就比较容易接受了。

4.将需要争论的问题暂时搁置

当双方都固执己见时，争论就很不必要。对此，英国前首相撒切尔夫人的手法是"把一种面临争辩的事情暂且搁下"，即采用拖延战术。这无疑是避免争论的有效方法。

有一位大公司的经理，常常收到代理商的投诉信。这些投诉通常无法解决又不宜拒绝。他的应付方法是把信塞进一个写着"待办"字样的文件柜。他说："应该立刻予以答复，但我明白，如果答复就等于和他争辩，争辩的结果不外是对人说'你错了'，这样不如索性暂时不理。"

事情的最后结果如何？他笑着回答说："我每隔一段时间把这些'待办'的信拿出来看看，又放回文件柜去，其中大部分的信件在我第二次拿来看时，里面所谈的问题都已成为过去或已无须答复。"

时间能解决很多问题，许多事情也只能交给时间解决。这就是将问题搁置的理由。

"和为贵"是人际沟通和交往的黄金法则

孔子说："礼之用，和为贵。先王之道，斯为美，小大由之。"意思是说，礼的运用以促进和睦为最宝贵，古代帝王的治国之道中，"和"是最重要的，这是从政治角度谈"和"的重要作用。

孟子也说："天时不如地利，地利不如人和。"他认为"人和"是在军事、政治斗争中取胜的主要因素。"和为贵"的"和"与今天我们要建立的"和谐社会"是一致的。"和"就是调节矛盾，使社会达到适当、适度的平和状态，是一种最高的理想境界。因而在社会生活中，强调人和，反对纷争。因为"和则一，一则多力，多力则强，强则胜物""争则乱，乱则离，离则弱，弱则不能胜物。"

"和为贵"这一黄金法则也适用于人际沟通和交往的各个层面。试想，与人沟通互不相让，就如同斗鸡，双方越斗越猛，结果使要解决的事情一拖再拖，这对双方都没有好处。假若人与人之间的谈话都能遵循和睦的原则，很多事情就能得到圆满而又快速的解决。正如美国前总统威尔逊说的："假如你握紧两个拳头来找我，我想我可以告诉你，我会把拳头握得更紧；但假如你找我来，说道：'让我们坐下商谈一番，假如我们的意见有不同之处，看看原因何在？'我会觉得彼此的意见相去不远。我们只需彼此有耐性、诚意和愿望去接近，我们相处并不是十分困难的。"

很多时候，硬碰硬的强争不仅不能解决问题，还会使之恶化，反而以"和"的方式加强沟通，晓之以理，动之以情，有利于消除对峙双方的隔膜。

十月革命以后，由于对沙皇仇恨很深，成千上万的农民来到莫斯科，坚决要求烧掉沙皇住过的房子。政府对农民下达了多次禁令，但仍然无效。最后列宁决定亲自和农民谈话。

列宁对农民们说："烧房子可以。在烧房子以前，让我讲几句行不行？"

列宁平和的语气让大家的心情也平和了，于是他们说："请列宁同志讲。"

列宁问道："是什么人给沙皇造的房子？"

大家都说："是我们农民自己造的。"

列宁又问："我们自己造的房子，不让沙皇住是理所当然的事。让我们农民代表住，好不好呢？"

农民们说："好！"

列宁再问："那要不要烧掉呀？"

农民们觉得列宁的提议不错，就再也不说烧房子了。

列宁让农民在温和的谈话气氛中接受了自己的意见，这件事让我们再次相信了沟通中"和"的作用。在生活中，有人知道用心去说服别人，而有人偏想用嗓子去压服对方，结果前者往往轻易达到了目的，而后者却总是适得其反。在沟通中学会"和"的技巧，可以使我们在生活中赢得友谊，在工作中如鱼得水。

许多事实都证明了，在"和"的气氛下，人们容易结成团结融洽的人际关系，而这种关系有利于发挥每个人的积极性、创造性，并能把每个人的积极性、创造性联合起来，形成克服困难的强大合力。而强争却容易让人在心里有很强烈的抵触情绪，就好像两人吵架，除了增加不愉快和对对方的厌恶外，解决不了任何问题。所以，我们以后在遇到想和人大吵大闹的事时，不妨冷静十秒钟，然后换上"和"的语气，再去与对方沟通，或许你会收到更为理想的效果。

客套要有分寸，
过分的客套只能给你增添麻烦

客套是指在交际场合中用于应酬、表示客气的言语、行为等。说起话来彬彬有礼、温文尔雅，是讲文明、懂礼貌的表现，也是一个人有良好品德修养、较高文化素质的体现。

我们的国家是礼仪之邦，自古以来就形成了客套的习惯，无论是访亲交友还是求人办事都少不了要客气几句。像"你好""久仰""让您操心了"，"麻烦您……"之类的话我们随时都能听到。

这样的客套话可以向别人表示感谢，有利于良好的沟通，建立融洽的人际关系。在求人办事以后，应真诚地说一声"谢谢"。如果你不说一声"谢谢"，只把感激之情埋在心底，对方会有一种不快的感觉，他的劳动没有得到肯定，或认为你不懂礼貌，今后也不会再帮助你。同样，在打搅别人，给别人添麻烦时能真诚地说一声"对不起"，对方的气就会削弱一半。在人际交往、求人办事中，客套的作用不容低估。

你可曾有过这样的经验，当你偶然走入一个地方时，那里有你熟悉和不熟悉的朋友，他们看见你来了，立即起身迎上你，对你表示欢迎，然后请你坐下，给你泡上一杯茶，再接下来，双方寒暄几句，客套一番。这样一来，对方的感觉会很好，自己的感受也会很好，双方可以由此变得更加融洽，增进好感，从而使友谊更进一步，不知不觉中，为你交友办事打开了方便之门。

但是，与人客套也要分清场合和对象，对朋友过分的客套只能给你增添不必要的麻烦。

一位中国学生对法国同学说："有空到我家玩。"这只是中国学生随口说的一句客套话，不料，那位准备走开的法国同学转回身说："我很高兴到你家里去，什么时候去？"

显然，中国学生缺乏思想准备，他应了一句："到时候再说吧。"

"明天行吗？"法国同学又问。

"恐怕不行。"中国同学答。

"到底行还是不行？"法国同学穷追不舍，脸上始终挂着诚恳的微笑。

"明天不行。"中国同学面有难色。

"后天呢？"

"那就后天吧。"中国同学无奈地说。

其实像这位中国同学的客套话就用错了对象，法国学生肯定不会了解中国人之间的客套的，中国人习惯于在朋友面前寒暄，说的人显得热情体面，听的人觉得心里顺畅，在这种习惯的客套中，突如其来的较真儿就会使人措手不及，甚至让人尴尬。

另外，客套话不能说得过多，尤其是在关系已经很好的朋友之间。过分地粉饰雕琢，会失去心理的纯真自然。绕弯过多，礼仪过分，反而给人"见外"的感觉，显得不够坦诚。

有人替你做一点儿小小的事情，譬如说，你让别人帮你倒一杯茶，你说"谢谢"也就够了。要是在特殊的情形下，那么最多说："对不起，麻烦你了。"也可以。但是有些人却要说"呵，谢谢你，真对不起，我不该拿这种小事情麻烦你，真使我觉得难过，实在太感激了……"等等一大串，就会让人觉得不舒服。

与人交际，谦逊礼让是完全必要的，然而不分对象、不分场合，一味地"请""对不起"，未免有虚伪的嫌疑，搞得别人很难为情。

假如你到一个朋友家里，你的朋友对你异常客气，每和你说话时，总是满口客套，唯恐你不高兴，唯恐得罪你。如此一来，你一定觉得如针芒刺背，坐立不安，于是你逃了出来，如释重负。

这种情形你大概经历了不少，因此你就得想想，你是否也如此对待过你的朋友？

虽然是客气，但朋友间的过分客气显然是让人痛苦的。开始会面时的几句客气话倒不成问题，若继续说个不停就太不妥当了。谈话的目的在于沟通双方的情感，增加双方的兴趣。而客气话，则恰恰是横阻在双方中间的墙，如果不把这堵墙推倒，就只能隔着墙做极简单的敷衍酬答而已。

既然说太多的客气话会使人不愉快，那么我们就应该注意一些事情：

（1）说客气话的时候要充满真诚。像背熟了的成语似的流水般说出来的客气话最易让人觉得没诚意，必不能引起听者的好感。"贵号生意一定发达兴隆""小弟才疏学浅，一切请阁下多多指教"……这些缺乏感情的、完全是公式化的恭维语，若从谈话的艺术观点来看，是一定要加以改正不可的。

说话时态度更要温雅，不可表现出急促紧张的状态。还有，说话时要保持身体的均衡，用过度的打躬作揖、摇头摆身的作态来显露你说客气话的表情并不是一个"雅观"的举止。

（2）要言之有物，这是说一切话所必具备的条件。与其泛说"久仰大名，如雷贯耳"，不如说"阁下上次主持的冬季救灾义演晚会成绩之佳，真是出人意料"等话。至于恭维别人生意兴隆，不如赞美他推销产品的能力，或赞美他的经营手腕。请人"指教一切"是不行的，你应该择其所长，集中某点请他指教，如此他一定高兴得多。

（3）朋友之间不必过分客套。朋友熟识以后就应竭力少用那些"府上""麻烦你"等词句，如果一直用下去，则真挚的友谊就会难以建立。客气话是表示你的恭敬或感激，不是用来敷衍朋友的，所以要适可而止。多用就流于迂腐，流于浮滑，流于虚伪。把平时对朋友太客气的言语略改得坦率一点儿，你一定可以享受到友谊之乐。

当然，客气话也有它的用武之地。比如，当面对一些不速之客时，我们作为主人，"客气"就是最好、最高明的逐客方法，更胜于把他大骂一顿。如果你怕朋友们到家里干扰你，拼命跟他说客气话就行，临走时别忘了请他有空再来，但你知道他是绝不会再来的。

说话留三分，
别把自己逼到无路可走的地步

中国有句俗语叫"说出去的话就像泼出去的水"，无论你说的是好话还是难听的话，一旦说出去被对方听到，都意味着你的话对对方产生了某种影响，这种影响是不会在短时间之内消除的，有的甚至会让对方产生某种心结。所以，说话时一定要注意，千万不要把话说得太满、太绝对，致使没有回旋的余地，断了自己的后路。

某项工作的难度很大，老板将此事交给了一位下属，问他："有没有问题？"下属拍着胸脯回答说："没问题，放心吧！"过了三天，没有任何动静。老板问他进度如何，他才老实说："不如想象中那么简单！"虽然老板同意他继续努力，但对他的拍胸脯已有些反感。

一位朋友，因在单位里与同事之间产生了一点儿摩擦，很不愉快。一怒之下，他就对那位同事说："从今以后，我们之间一刀两断，彼此毫无瓜葛！"

这话说完不到三个月，他的同事成了上司。因他讲了过重的话，所以很尴尬，只好辞职另谋他就。

这样把话说得太满导致自己窘迫、尴尬的例子我们在平常也不少见。有的人是一时冲动，就像上面的那位朋友，说了比较绝对的话。有的人是做事欠考虑，或者考虑不周，说话太满，没有给自己留下回旋的余地。一杯水太满了，再加肯定就溢出来了，想再往里面加水，就不要在第一次倒水时倒得太满，留出一定的空间，想加的时候才有空间容纳。

人说话留有空间，便不会因为"意外"出现而下不了台，因而可以从容脱身。

所以，很多人在面对别人的提问时，都偏爱用这些字眼儿，诸如：可能、尽量、或许、研究、考虑、评估、征询各方意见……这些都不是肯定的字眼。他们之所以如此，就是为了留一点儿空间好容纳"意外"，否则一下子把话说死了，结果事与愿违，那不是很难堪吗？

古希腊神话里有这样一个传说：太阳神阿波罗的儿子法厄同驾驶装饰豪华的太阳车横冲直撞，恣意驰骋。当他来到一处悬崖峭壁上时，恰好与月亮车相遇。月亮车正欲掉头退回时，法厄同倚仗太阳车辕粗的优势，一直逼到月亮车的尾部，不给对方留下一点儿回旋的余地。

正当法厄同看着难以自保的月亮车而幸灾乐祸时，他自己的太阳车也走到了绝路上，连掉转车头的余地也没有了。向前驶一步是危险，向后退一步是灾难，最后终于万般无奈地葬身火海。

人生一世，千万不要使自己的思维和言行沿着某一固定的方向发展，直到极端，而应在发展过程中冷静地认识、判断各种可能发生的事情，以便能有足够的回旋余地来采取机动的应对措施。

我们应该注意儿点：

在答应别人的时候，面对别人的请求或者托付，可以答应接受，但不要"保证"，应代以"我尽量，我试试看"的字眼儿。

比如，上级交办的事当然接受，但不要说"保证没问题"，应代以"应该没问题，我全力以赴"之类的字眼儿。这是为自己万一做不到所留的后路，而这样说事实上也无损你的诚意，反而更显出你的谨慎，上司会因此更信赖你，即便事没做好，也不会责怪你！

在拒绝别人的时候，比如，与人交往，不要口出恶言，更不要说出"势不两立"之类的话，不管谁对谁错，最好是闭口不言，以便他日需要携手合作时还有"面子"！

对人不要太早下评断，像"这个人完蛋了""这个人一辈子没出息"之类属于盖棺定论的话最好不要说，人一辈子很长，变化也很多。

宋朝时，有一位精通《易经》的大哲学家邵康节，与当时的著名理学家程颢、程颐是表兄弟，同时和苏东坡也有往来。但二程和苏东坡一向不睦。

邵康节病得很重的时候，二程弟兄在病榻前照顾。这时外面有人来探视，程氏兄弟问明来的人是苏东坡后，就吩咐下去，不要让苏东坡进来。

躺在床上的邵康节，此时已经不能再说话了，他就举起双手来，作了一个缺口的样子。程氏兄弟有点儿纳闷，不明白他做出这个手势来是什么意思。

不久，邵康节喘过一口气来，说："把眼前的路留宽一点儿，好让后来的人走走。"说完，他就咽气了。

邵康节的话是很有道理的，因为事物是复杂多变的，任何人都不能凭着自己的主观臆断来判定事情的最终结果。对于每个人的人生来说，更是浮沉不定，常常难以自料。

俗话说："十年河东，十年河西。"在社会发展日新月异的当今时代，人情世事的变化速度无疑更快，社会生存的空间也变得越来越小，用不了"十年"就可能发生此消彼长的变化，人们相互间更是"低头不见抬头见"。如果把话说得太满，把事做得过绝，将来一旦发生了不利于自己的变化，就难有回旋的余地了。

说话不留余地等于不留退路，为此付出的代价有时是你无法承受的，不如选用一些不确定的词，不拒绝对方的好意，又给自己留了退路。用不确定的词句一般都可以降低人们的期望值，你若不能顺利地完成任务，人们往往会因为对你期望不高而能用谅解来代替不满，有时他们还会因此而看到你的努力，不会全部抹杀你的成绩。你若能出色地完成任务，他们往往会喜出望外，这种增值的喜悦会给你带来很多好处。

谣言止于智者，
不做让人生厌的"小喇叭"

沟通是为了传递信息，这种传递是相互的。散布谣言者显然并没有认识到这一点，他们只是单方面传递了并不真实的信息，而致使双方无法建立正常的沟通和人际交往关系。人和人之间的沟通，即使面对面谈话，也会出现双方对某个问题理解上的偏差，更何况完全是从另外的人那里听来的，或者是自己只凭一点儿表面现象做的所谓的推断，事情本身的真实性就值得怀疑，而且还会在传递的过程中造成信息的缺失，使得听者接受的信息已经和事情的本来面目相差很大了。这就是散布谣言给人们带来伤害的原因。

在生活中，我们经常会听到这样的谈话："小李最近发了财，但我听说他的钱来路不明，好像跟哪个案子有关""老张的儿子留学回来后，一直没有工作，据说是书读得太多了，有点痴呆了"……

其实，这已经不是什么谈话，而是在散布谣言了。所谓散布谣言，就是说别人的闲话，即："到处闲扯，传播一些无聊的，特别是涉及他人隐私的谎言。"换句话说，就是背后对他人品头论足。

一个人说另一个人的闲话，或多或少都有一定的目的，或者是为了发泄心中的不满，或者是为了满足他的某种阴暗、狭隘的心理。他们或透露一些别人的隐私，或影射一下别人的人格，不管是直接散布，还是委婉传播，不管是添油加醋，还是扬沙子泼凉水，都是对人际关系的一种亵渎、一种践踏，不利于人与人之间的团结合作，更不利于彼此之间的和睦相处。这是沟通中最为忌讳的事情之一。

一些无聊空虚和无所事事的人，一听到那些琐碎的、无关自己痛痒、又涉及别人隐私的话，就会一传再传，使整个事件严重起来。

可见，谣言是一种非常可怕的东西，它就像瘟疫一样很容易扩散开来，给我们的生活和工作带来极大的麻烦。

《战国策》上讲过这样一段故事：有一次，孔子的弟子曾子告别了老母，离开家乡，到费国去。不久，费国有个和曾子同姓同名的人杀了人。有人听到这个消息，也没有弄清情况，就去告诉曾子的母亲："听说你的儿子在费国杀人了。"这时，曾子的母亲正在织布，听了这个消息，头也不抬地回答说："我的儿子是决不会杀人的！"她照样安心地坐着织布。过了一会儿，又有人来说："曾子杀人了！"曾子的母亲仍不理睬，还是织她的布。过了不久又跑来一个人，同样又说："曾子杀人了！"听了第三个人的报告，曾子的母亲害怕了，立即丢下手中的梭子，急急忙忙地跳墙跑了。

古语说："众口铄金""三人成虎"，面对谣言的一次又一次的攻击，连曾母这样深明大义的人都相信它是事实了，更何况像我们一样的凡夫俗子呢！可见谣言的杀伤力。爱散布谣言的人，在其所处的社交关系中，是绝不会漏过一个人的，不管别人说什么、做什么，他都能自成一体地创造一些情节、事端。他可能让无辜的人恐慌，甚至陷入深深的苦恼中，相信每个人都对他深恶痛绝。

己所不欲，勿施于人，既然我们不愿成为谣言的受害者，那么首先我们应该保证自己不做散布谣言的人。那么当我们在面对那些谣言的时候，应该怎样做呢？

1. 用沉默对待谣言

鲁迅先生说，"对付谣言和诽谤的最好的策略就是别理它，坚决别理它，连眼珠都不要转过去"。对个人而言，造谣者的目的在于挑拨离间，当事人千万别上当，让那些人尽管去说，反正真正了解你们的朋友是绝对不会相信的。对那些造谣辱骂的人，沉默就是对他们最大的讽刺！

对于一些冲着自己来的谣言，很多时候我们可以采取置之不理的态度，谣言自然就会不攻自破了。演艺明星是不得不对付谣言的，某女星从来不站出来辟谣，无论真假她一概不理，显出一脸无辜相，因为她不理，慢慢地，人们也就不相信那些谣言了，反而有不少人替她鸣不平，好像媒体一直在欺负这个可怜的"小女生"。关于她的那些谣言非但没有影响她，反而树立了她的玉女形象，使越来越多的人反而更喜欢她。

2. 不要听信谣言，也不要传播谣言

在谣言散布的过程中，一些人变成了"小喇叭""传声筒"，他们的行为令人讨厌，因为他们起到了为虎作伥、推波助澜的作用，使小事变成了大事，假事变成了真事……你偶尔开玩笑说一句什么话，别人是"听者有心"，将它制造成特别新闻，以至于给你造成不必要的麻烦和痛苦。

当我们听到谣言时，就当它是一阵风，左耳听，右耳冒，既不往心里去，也不会把它说给别人听。要知道，经常说别人是非的人，时间久了，大家都会对他敬而远之。

3. 不要制造谣言

在我们的谈话中，有90%是闲聊，即议论人和诽谤人。多数人都觉得：谈话中如果少了品头论足，就会像没有加盐的夹生鸡蛋，或者掺了水的酒一样淡而无味。

人们最大的兴趣除了自己，就是别人——这又有什么错呢？

所以，并非要求你做到绝口不提不在场的人。你可以提，但是，一旦你发现自己想要说些不太愉快的话时，建议你立刻默想下面的名言："己所不欲，勿施于人！"

4. 阻止、消解谣言

面对谣言的传播，我们不光要尽力地去阻止它，还要尽量使它消解。

余秋雨说："恶者播弄谣言，愚者享受谣言，勇者击退谣言，智者阻止谣言，仁者消解谣言。"面对谣言，或无辩，或自我辩护……因此，比较明智的做法就是：在谣言的雪球下滑时做一枚石子，阻挡一下它的滚势；或者在谣言的群鸦乱

飞时做一个稻草人，骚扰一下它们的阵容。为的是保住一片不大的蓝天，并齐心协力把那些无法消灭的谣言安置到全社会都不在乎的角落。

因此，只要大家都敢说真话，实事求是，又何来谣言呢？即使有谣言，也不可怕了。

人际交往最基本的原则是相互尊重，如果连这一点都做不到，就像那些传播谣言者一样，在别人的眼中也就无异于跳梁小丑，根本得不到别人的平等对待，也就自然无法建立人际关系。所以，人际沟通中切忌不要相信谣言，更不要传播谣言。

批评不是严肃说教和斥责，
是一种教育的艺术

我们在和他人交往时，总是避免不了批评别人或被别人批评。批评的目的不是为了打击别人提高自己，而是为了在对方犯错误的时候，为他指出错误的地方，提出一些自己的意见和建议，以帮助对方找到改正错误的方法，防止再犯同样的错误。

对别人有益的批评几乎每个人都会接受，但如果你的批评有点儿过火或者掺杂着其他的目的和个人情感，这样的批评就失去了原有的味道，容易引起别人的反感，这样的批评不如不说。

批评不是干巴巴的说教，更不是横眉立目的斥责。虽然说批评也是一种教育，但批评更要讲究艺术。

爱因斯坦小的时候不是一个聪明的孩子。有一次，老师要求每个学生制作一个手工作品，要在第二天的手工课上向大家展示。到了第二天，同学们都交上了自己的作品，有泥鸭、布娃娃等。而爱因斯坦交上来的却是一个做工非常粗陋的小板凳。同学们见了都哄堂大笑，老师也生气地批评他说："你做的这是什么啊？世界上还会有比这更糟糕的小板凳吗？"爱因斯坦听后，心里非常难受。

很显然，那位老师的批评显得缺乏人性，他简直是在讥笑人。事实上，那只小板凳不是世界上最糟糕的板凳，爱因斯坦以前也做了两个小板凳，这第三只比起那两只已经好多了。如果老师说："很好，你已经完成了作品，虽然它看起来有点儿粗陋，但是，我相信你可以把它做得更好。"小爱因斯坦听了会受到鼓舞，心里当然高兴，他在以后会更加努力。

经常有些人在批评他人时说："我都给你说了八遍了，你怎么就不知道改呢？"

其实，既然你已经说了八遍了，他还没改，那就证明你的这种批评方式是行不通的，你再说八遍，他还是不会改的。他对你的做法不能理解，话不投机半句多，他不但不会改，甚至还有可能和你产生对立情绪。

面对这种情况，不妨冷静下来好好想一想，换一种批评方式。可以暗示，以示谅解；可以沉默，下不为例；以身作则，用自身行动感化他人；瞒天过海，把别人的思想拉出死角；出奇制胜，给其留下深刻印象；解剖问题，帮其分析错误根源；推波助澜，先肯定其错误，然后推出可怕的结果；暗度陈仓，利用其最希望得到的东西转移目标……

我们要记住，和我们来往的不是度量不凡的超人，更不是修炼到家的圣人。和我们来往的都是感情丰富的常人，甚至是充满偏见、傲慢和虚荣的怪人。

超人和圣人能够虚怀若谷地对待别人的批评，但常人不能，怪人更不能。所以，当我们产生批评别人的冲动时，不要让情绪控制了自己，避免产生下面的一些问题。

1. 无凭无据，捕风捉影

批评的前提是事实清楚，责任分明，有理有据。事先不调查、不了解，只凭一些道听途说，或者只凭某个人的"小报告"，就信以为真，就去胡乱批评人，会给人留下"蓄意整人"的坏印象。

2. 大发雷霆，恶语伤人

人人都有自尊心，即使犯了错误的人也是如此。批评人时要顾及对方的自尊心，切不可随便加以伤害。因此，批评人时应当心平气和，春风化雨，不要横眉怒目。当你怒火正盛时，最好先别批评人，待心情平静下来后再去批评。批评人时切忌讽刺、挖苦，恶语伤人。

3. 吹毛求疵，过于挑剔

批评人是必要的，但并不是事事都要批评。对于那些鸡毛蒜皮的小问题、小毛病，只要无关大局，应当采取宽容态度，切不可斤斤计较、过于挑剔。这种做法只能使人谨小慎微，无所适从，甚至产生离心作用。

4. 不分场合，随处发威

批评人必须讲究场合和范围。若不注意这些，随便把只能找本人谈的问题拿到大庭广众面前讲，就会使对方感到无脸见人，认为你是故意丢他的脸，出他的丑，使他难堪，会引起对方公开对抗，不利于问题的解决。

5. 乘人不备，突然袭击

批评人，事先最好打个招呼，使对方先有一定的心理准备，然后再批评，对方不至于感到突然。比如，有的人做错事，但本人并没有意识到。这时应当先通过适当时机，吹吹风，或指定与对方关系较好的人先去提醒他，使其先自行反省，然后再正式批评他，指出其错误所在。这样他有了心理准备，不至于感到突然，就比较容易接受批评了；反之，如果当对方尚未认识到自己有错，就突然批评，不仅会使对方不知所措，还会怀疑批评人的诚意。

6. 清算总账，揭人老底

批评应当针对当前发生的问题，对于过去的问题尽量不要拉扯进来。有些人为了说服对方认识问题，或为了证明对方当前的行为是错误的，便把心中积存的有关"问题"全部抖出来。这样做只能使对方感到你一直暗地收集他的问题，这一次是和他在算总账，从而产生对立情绪。

7. 当面不说，背后乱说

中国有句俗语："当面批评是君子，背后议论是小人。"这句话反映了人们一种心态：不喜欢背后批评人。当面批评，可以让对方清楚批评者的意见和态度，也便于双方的想法得到交流，消除误会。如果背后批评，会让对方产生错觉。认为你有话不敢当面讲，一定是肚里有鬼。再说，不当面讲，经他人之口转达，很容易把话传走样，造成难以消除的误解。

8. 嘴上不严，随处传扬

批评人不能随处发威，更不能随处传扬。有的人前脚刚离开，后脚就把这件事说给了别人，或者事隔不久再批评另一个人时，又随便举这个做例子，弄得该问题人人皆知，满城风雨，增加了当事人的思想压力和反感情绪。

9. 反复批评，无休无止

批评不能靠量多取胜，有的批评只能点到为止。当一个人受到批评后，心里已经很不自在了。如果再重复批评他，他会认为你老是跟他过不去，把他当成反面典型看待。多一次批评，就会在他心里多一分反感。

当你再想开口批评某人时，一定要先冷静一下，想想这些批评的忌讳再开口。

做人不要强势，
学会用友善的方式说服别人

人和人都是平等的，沟通中的双方也是如此，对某事持有不同的观点是常有的事。有些人不善于用友善的方式说服别人，却妄图压倒别人，这只能引起强烈的负面反应。

小王是一个科研项目的主要负责人，小顾是他的助手。他们因为对一个实验的结果有不同的看法而起了争执。小顾强调说这次实验的意义非常重大，所以有必要再精确地做一次，以防万一。而小王则说这种实验既耗时又费力，而且现在离交付给客户的时间已经不多了，没有必要再做了。小顾对小王的这种态度很不满意，说："我们自己苦点儿累点儿都没有关系，但要对客户负责，要对自己的职业道德负责。"小王本来性格就有点急，一听到这些话就有些火了，大声说："我哪一次没有对客户负责了？况且这样的实验我做了很多次了，还用不着你提醒我，而且我是这个项目的负责人，你一切都要听我的，如果出现了不好的后果，我一个人承担责任，不会连累你的。"小顾看着小王铁青的脸，几次想再争辩几句，但最终还是没说，转身走了。

小王以为自己是负责人，而且工作又有经验，这样就能使小顾听从他的意见。其实他错了，小顾虽然没说话，但却拂袖而去。双方并没有真正解决这个问题。

像小王这样性格比较急的人，总希望立即说服对方，如果恰好对方也是这样的脾气，认定自己有理，且不仅不会听从对方的意见，严重的还会反戈相击，这样，一场口舌大战就在所难免了，其后果轻则不欢而散，重则大打出手，关系破裂。

记得小时候听过老人们讲过一句话："人只有敬服的，没有打服和骂服的。"

希望依仗强势来压服对方，即使表面上压服了，也是暂时的。毕竟，人人都有自尊，当自尊心被刺伤之后，留给心灵的是伤痕，传给情绪的是仇恨，而理智早就跑到爪哇国去了。其实谁都明白，要让对方服气，唯有靠对方内心认可才有可能；而要认可，是要在对方自觉接受的前提下。

所以说，温和友善总是要比愤怒粗暴更强有力，更能较好地解决实际问题。

著名的演说家史德伯对他的朋友讲了一段自己的亲身经历。他有一段时间生活很拮据，希望他的房租能够减低，但他知道房东很难缠，于是就写了一封信给他，信上说，"我现在通知你，合约期已满，我立刻就要搬出去。事实上，我不想搬走，如果租金能减少，我愿意继续住下去，但看来并不可能，因为其他的房客各种方法都试过了，包括警告甚至恫吓。大家都对我说，房东很难打交道。但是，我对自己说，现在我正在学习为人处事这一课，不妨试试，看看是否有效。"

史德伯说："房东一接到我的信，就同秘书来找我。我在门口欢迎他，充满善意和热忱。开始我并没有谈房租太高，我强调我是多么的喜欢他的房子。我真是'诚于嘉许，惠于称赞'。我称赞他管理有道，表示我很愿再住一年，可是房租实在负担不起。"

"他显然是从未见过一个房客对他如此热情，他简直不知道该怎么办才好。"

"然后，他开始诉苦，抱怨房客，其中一位给他写过 14 封信，太侮辱他了。另一位威胁要退租，如果不能制止楼上那位房客打鼾的话。'有你这种满意的房客，多令人轻松啊！'他赞许道。接着，甚至在我还没有提出要求之前，他就主动要减收我一些租金。我想要再少一点儿，就说出了我能负担的数字，他一句话也没说就同意了。"

"当他离开时，又转身问我：'有没有什么要为你装修的地方？'"

"如果我用的是其他房客的方式要求减低房租的话，我相信，一定会碰到同样的阻碍。使我达到目的的是友善、同情、称赞的方法。"

给人留面子，指出别人的错误前要三思

每个人都会有犯错误的时候，有时我们心里知道是自己错了，但嘴上却不肯承认，因为承认自己错了，就太没面子了。而这时如果有人毫不客气地指出我们的错误，我们就会不以为然，甚至对指出错误的人心生怨恨。

由己及人，无论你采取什么方式指出别人的错误，比如一个轻视的眼神、一种不满的腔调、一个不耐烦的手势，都有可能带来难堪的后果。你以为他会同意你所指出的吗？绝对不会！因为你否定了他的智慧和判断力，打击了他的荣耀和自尊心，同时还伤害了他的感情。他非但不会改变自己的看法，还要进行反击，这时，你即使搬出所有柏拉图或康德的逻辑也无济于事。

这时候，你如果说："你错了。"事情就会变得不妙了，对方不但不会承认错误，而且还要极力地为自己申辩。因此，沟通中破坏力最强的莫过于这三个字。它通常不会造成任何好的效果，只会带来一场不快、一场争吵，甚至能使朋友变成对手，使情人变成怨偶。

有的人知识丰富，善于讲话，在社交场上口若悬河、滔滔不绝，这固然是不少人所向往的，但这种雄辩也容易伤害到他人。最突出的表现就是，在别人有一点儿错误的时候，他会毫不顾忌地说出来，根本不考虑别人的脸面问题。假若口无遮拦，说错了话，说走了嘴，更是很难补救的，故说话应讲究三思而后行，否则，若因言行不慎而让别人下不了台，或把事情搞糟，是不礼貌的，也是不明智的。

有一位年轻律师就是因为自己直接指出别人的错误而尝到了教训。他参加了一个重要案子的辩论。在辩论中，一位最高法院的法官对年轻的律师说："海事法追诉期限是六年，对吗？"

　　这位律师愣了一下，看看法官，然后率直地说："不，你错了，庭长，海事法没有追诉期限。"

　　这位律师后来对别人说："当时，法庭内立刻静了下来，似乎连气温也降到了冰点。我如实地指了出来，虽然我是对的，但他却没有因此而高兴，反而脸色铁青，对我后面的讲话也是冷冰冰的，真是令人望而生畏。尽管法律站在我这边，但我却铸成了一个大错，居然当众指出一位声望卓著、学识渊博的人的错误。"

　　这位律师确实犯了一个"比别人正确的错误"。在指出别人错了的时候，为什么没想到这样会伤害一个人的自尊心？"你错了"这三个字破坏力为什么这么大呢？这是因为：

　　没有几个人具有逻辑性的思考。我们多数人都具有武断、固执、嫉妒、猜忌、恐惧和傲慢等缺点，所以我们都不愿意向别人承认自己错了。

　　而且，一个人说错话或做错事，总是有原因的，所以我们即使明知自己错了，也会强调客观原因，认为错得有理。

　　正如罗宾森教授在他的《下决心的过程》所说："我们有时会在毫无抗拒或热情淹没的情形下改变自己的想法，但是如果有人说我们错了，反而会使我们迁怒于对方，更固执己见。我们会毫无根据地形成自己的想法，但如果有人不同意我们的想法时，反而会全心全意维护我们的想法。显然不是那些想法对我们珍贵，而是我们的自尊心受到了威胁……'我的'这个简单的词，在为人处世中是最重要的，妥善运用这两个字才是智慧之源。不论说'我的'晚餐，'我的'狗，'我的'房子，'我的'父亲，'我的'国家或'我的'上帝，都具备相同的力量。我们不但不喜欢说我的表不准，或我的车太破旧，也讨厌别人纠正我们的错误知识……我们愿意继续相信以往惯于相信的事，而如果我们所相信的事遭到了怀疑，我们就会找借口为自己的信念辩护。结果呢，我们所谓的推理多数会变成找借口。"

　　当我们犯了错误时，并非意识不到犯了错误，只是顽固地不肯承认而已。所以，当你对一个人说"你错了"时，必然会撞在他固执的墙上。

　　比如，有一位先生请一位室内设计师为他的居所布置一些窗帘。当账单送来时，他大吃一惊，意识到在价钱上吃了很大的亏。

过了几天，一位朋友来看他，问起那些窗帘时，说："什么？太过分了。我看你是有些大意了，被他占了便宜。"

这位先生却不肯承认自己做了一桩错误的交易，他辩解说："一分钱一分货，贵有贵的价值，你不可能用便宜的价钱买到高品质又有艺术品位的东西……"

结果，他们为此事争论了一个下午，最后不欢而散。

当我们不愿承认自己错了时，完全是情绪作用，跟事情本身已经没有关系。当我们错的时候，也许会对自己承认。如果对方处理得很巧妙而且和善可亲，我们也会对别人承认，甚至以自己的坦白直率而自豪。但如果有人想把难以下咽的事实硬塞进我们的食道，那我们是决不肯接受的。

既然我们自己是这种习性，那么也可以理解别人也具有同样的习性，不要把所谓"正确"的硬塞给他。

如果有人说了一句你认为错误的话，或者做了一件你认为错误的事，这时，你会告诉他正确的应该是什么，无形中将对方摆在了学生的位置，而自居为老师。除非你真的是他的老师，否则他必然不服气。

即使你真的是他的老师，他同样会存有异议。

300多年以前意大利天文学家伽利略说："你不可能教会一个人任何事情；你只能帮助他自己学会这件事情。"

19世纪的英国政治家斐尔爵士也说："如果可能的话，要比别人聪明，却不要告诉人家你比他聪明。"

苏格拉底则告诉他门徒一个圆滑处世方法："我只知道一件事，就是我一无所知。"

总之，没有人愿意承认自己不如对方高明，"你错了"三个字无疑是在跟人们自尊自大的共同心理作对，且暴露了自己好为人师的优越心理，岂不令人反感？

以上分析说明了一个事实，大多数人都是自负的，自己出现了错误，只有自己暗中承认，却不容许他人说一小点儿自己的不对。这时候，我们应该怎样处理这种事情呢？

有一位汽车代理商在处理顾客的抱怨时，常常冷酷无情，决不肯承认产品质量与服务的问题是自己这方面产生的，总想证明问题的根源是顾客在某些方面犯了错误。结果，他每天陷身于争吵和官司纠纷中，心情一天比一天坏，生意也一天不如一天。

后来，他改变了处理办法。当顾客投诉时，他首先说："我们确实犯了不少错误，真是不好意思。关于你的车子，我们有什么做得不合理的地方，请你告诉我。"这个办法很快使顾客解除武装，由情绪对抗变成理智协商，于是事情就容易解决了。如此一来，这位代理商能轻松处理每一件事情，生意也越来越好。

当我们说对方错了时，他的反应常让我们头疼，而当我们承认自己也许错了时，就绝不会有这样的麻烦。这样做不但会避免所有的争执，而且可以使对方跟你一样地宽宏大度，承认他也可能弄错。

不论我们用什么方式说"你错了"，不论是一句话、一个眼神、一种说话的声调、一个手势，只要让他听出或看出"你错了"的意思，他就绝不会有好脸色给你！因为你直接打击了他的智慧、判断力、荣耀和自尊心。只会使他想反击，但绝不会使他改变心意。即使你搬出孔子或柏拉图理论，也改变不了他的成见，因为你伤了他的感情。

永远不要这样做：你的确错了，不信我证明给你看。

这等于是说"我比你更聪明。我要告诉你一些事，使你改变看法"。

不管你用什么方法证明对方错了，都无疑是一种挑战。这样会揭起战端，在你尚未开始之前，对方已经准备迎战了。

假如对方真的错了，你必须让他承认并纠正错误，也应该回避"你错了"或类似的词语。即使你站在真理这一边，用最温和的态度说"你错了"，要改变别人的主意也不容易。

所以，你有必要运用一些技巧，使对方察觉不到"你错了"这三个字。一位人际关系学家说过："必须用若无实有的方式教导别人，提醒他不知道的好像是他忘记的或者是一时疏忽造成的错误。"

我们在和他人交流时也不要因为自己善于言谈而忽略了他人的感受，在很想指出别人的错误时先三思，然后注意以下几个问题：

1. 不要当众揭对方的隐私和错处

有人喜欢当众谈及对方的隐私、错处，这样做是非常错误的。心理学研究表明：谁都不愿把自己的错处或隐私在公众面前"曝光"，一旦被人曝光，就会感到难堪而恼怒。因此在交往中，如果不是为了某种特殊需要，一般应尽量避免接触这些敏感区，以免使对方当众出丑。必要时可采用委婉的话，暗示你已知道他的错处或隐私，让他感到有压力而不得不改。知趣的、会权衡的人只需"点到即止"，一般人是会顾全自己的脸面而悄悄收场的。

当面揭短，让对方出丑，说不定会使对方恼羞成怒，或者干脆耍赖，出现很难堪的局面。至于一些纯属隐私、非原则性的错处，最好的办法是装聋作哑，千万别去追究。

2. 不要故意渲染和张扬对方的失误

在社交场上，人们常会碰到这类情况，讲了一句外行话，念错了一个字，搞错了一个人的名字，被人抢白了两句等等。你如果作为知情者，一般说来，只要这种失误无关大局，就不必大加张扬，故意搞得人人皆知，更不要抱着幸灾乐祸的态度，以为"这下可抓住你的笑柄啦"，来个小题大做，拿人家的失误来做笑料。因为这样做不仅对事情的成功无益，而且由于伤害了对方的自尊心，你将结下怨敌。同时，也有损于你的社交形象，人们会认为你是个刻薄饶舌的人，会对你反感、有戒心，因而敬而远之。所以渲染他人的失误，实在是一件损人而又不利己的事。

3. 用若无其事的方式提醒别人

如果有人说了一句你认为是错误的话，你这样说就会更好："我倒有另外一种想法，也许不对。我常常弄错。如果我弄错了，我很愿意得到纠正。"这将会收到神奇的效果。无论什么场合，试问，谁会反对你说"我也许不对"呢？

4. 尽量委婉地指出对方的错误

有些人做错了事，能在一经指正之后，不为自己解释而坦诚地承认。因此，我们对待亲属、同事甚至对知己，也有指出他的错误的义务。所以绝对不批评别人是不可能的，我们要研究的就是怎样批评、纠正别人。

有一位先生，花三天时间写了一篇演讲稿，他认真地撰写、修改并润色，其精心程度绝不亚于鲁迅或朱自清写一篇文章——据说鲁迅写完一篇文章后，通常要改七遍，而朱自清每天只写 500 字。

这位先生认为演讲稿写得十分到位，得意地读给妻子听。妻子认为这篇演讲稿写得并不出色，但她没有像一般妻子那样用习惯语气说"你写得太差劲了，都是老生常谈，别人听了一定会打瞌睡的"，而是委婉地说："如果这篇文章是投给报社的话，肯定算得上是一篇佳作。"换句话说，她在赞美的同时巧妙地表达出它并不适合演讲。丈夫听懂了妻子的意思，立马撕碎了精心准备的手稿，并决定重写。

5. 用建议的方式

想要改变对方的主张时，最好能设法使自己的意思暗暗转移到那些无可争辩的事实上。站在朋友的立场，你应当给予恳切正确的指正，而不是严厉的责问，使他知过而改。

纠正对方时，最好用请教式的语气，用命令的口吻则效果不好。"你不应该用红色！"就不如说："你觉得如果不用红色是否会好看一点呢？"用声东击西的方法，以维护对方的自尊心。

4000 年前，古埃及阿克图国王在一次酒宴中对他的儿子说："圆滑一点儿。它可使你予求予取。"换句话说，不要对别人的错误过于敏感，不要执着于所谓正确的意见，不要轻易刺激任何人。

如果你要使别人不反感你，应当牢记的一句话就是：永远不要说这样的话："看着吧！你会知道谁是谁非的。"这等于说："我会使你改变看法，我比你更聪明。"这实际上是一种挑战，在你还没有开始证明对方的错误之前，他已经开始准备对你进行反击了。